Herrn Helmut Pemsel
überreicht v. Verfasser
P. Meinrad Kramer OSB

Gnadenbild von St. Georgenberg

GESCHICHTE DER BENEDIKTINERABTEI ST. GEORGENBERG-FIECHT

bei Schwaz in Tirol

Nach gedruckten und ungedruckten Quellen zusammengestellt

von

P. MAURUS KRAMER O.S.B.
von St. Georgenberg-Fiecht

1954

Im Selbstverlag der Benediktinerabtei St. Georgenberg-Fiecht

Nihil obstat
St. Georgenberg, 5. Mai 1954
Albert Grauß O. S. B., Abt von St. Georgenberg-Fiecht

Imprimatur Nr. 855/2
Apostolische Administratur Innsbruck, 12. Mai 1954 Dr. Bruno Wechner, Provikar

Fotos von Tiroler Kunstverlag Chizzali, Innsbruck
Federzeichnungen von Fr. Georg Zöhrer O. S. B., St. Georgenberg-Fiecht
Umschlagzeichnung von Fr. Leo Pittracher O. S. B.,
St. Georgenberg-Fiecht

Druck von Felizian Rauch Innsbruck

Entstehung und erste Entwicklung von St. Georgenberg

Viele von den Wallfahrern, die alljährlich nach Sankt Georgenberg kommen, stellen die Frage nach dem Ursprung und der Geschichte dieser Wallfahrt, die sicher eine der schönsten und interessantesten heiligen Stätten Österreichs ist.

Wer an einem schönen, sonnigen Tag von Schwaz über Fiecht, am Bauernhof „Weng" vorüber, durch den Hochwald bergan wandert und dann jene Stelle erreicht, wo die mit den Wappen der vier Stifterfamilien der Abtei St. Georgenberg-Fiecht geschmückte Freiungssäule (vom Volk „Weißmarter" genannt) die Grenze des Asylrechtes des alten Klosters bezeichnet, der bleibt unwillkürlich stehen und genießt staunend den herrlichen Anblick, der sich ihm bietet: Auf einem hellen Felsenkegel, der, nur im Norden mit dem übrigen Bergmassiv verbunden, etwa 100 Meter hoch aus dem dunklen Grunde des Stallentales aufsteigt, steht in erhabener Schönheit St. Georgenberg, die Kirche, der Turm mit dem Treppengiebel und die noch erhaltenen bzw. wiederhergestellten Teile des alten Klostergebäudes. Dieses strahlend schöne Bild, im Frühling und Sommer umrahmt vom vielfältig schattierten Grün der Fichten und Tannen, Föhren und Lärchen, der Buchen, Ulmen, Ahorne und Linden, wird keiner, der es je geschaut, so leicht vergessen; aber auch im Farbenspiel des herbstlichen Laubwaldes und in der weißen Pracht des Winters hinterläßt es einen unauslöschlichen Eindruck.

Eine alte Legende berichtet über die Entstehung von St. Georgenberg folgendes:

In längst vergangenen Zeiten lebte zu Aibling in Bayern eine gottesfürchtige Adelsfamilie. Ein Sohn mit Namen Rathold faßte den Entschluß, in stiller Abgeschiedenheit sein Leben Gott zu weihen. Er verließ Familie und Heimat und wanderte in das „Land im Gebirge“, wie man damals Tirol nannte. Im Stallental, einer wilden Bergschlucht nördlich von Schwaz, fand er wenig oberhalb des rauschenden Wildbaches eine Felsenhöhle, die ihm für sein Vorhaben geeignet erschien; diese wählte er sich zur Wohnung. Auf einem nahe gelegenen Hügel erbaute er eine kleine Kapelle zu Ehren des hl. Martyrers Georg, dem auch die Pfarrkirche von Aibling geweiht war. Daher kommt der Name Sankt Georgenberg. Als er schon lange Zeit in seiner Höhle ein frommes Einsiedlerleben geführt hatte, griff er zum Wanderstab und pilgerte zu den Gräbern der Apostelfürsten in Rom und zum Grabe des hl. Apostels Jakobus d. Ä. zu St. Jago di Compostella in Spanien, einem im Mittelalter vielbesuchten Wallfahrtsort. Nachdem er die Priesterweihe empfangen hatte, kehrte er in seine Einsamkeit zurück. Von dieser Pilgerfahrt brachte Rathold ein Marienbildnis mit, das er dann in seiner Kapelle aufstellte und vor dem er viele Stunden in Andacht verbrachte. Bald schlossen sich ihm nun einige Gefährten an, um unter seiner Leitung ein gottgeweihtes Leben zu führen; die Höhle wurde zu klein. Da auch Rathold schon zu Jahren gekommen war und ihm der Aufenthalt in der feuchten, ständig im Schatten liegenden Höhle gar sehr beschwerlich wurde, kam man überein, für die religiöse Genossenschaft einige Zellen und ein geräumigeres Kirchlein zu bauen. Der Bruder und einige andere nahe Verwandte Ratholds, die der gottselige Einsiedler darum bat, erklärten sich bereit, den gewünschten Bau aufzuführen. Als Bauplatz wählte man einen zwischen Fiecht und Stans im Unterinntal gelegenen sonnigen Hügel, den man schon von alters her „die Burg“ nennt und der einen herrlichen Ausblick auf das Tal gewährt. Bei dem rasch in Angriff genommenen Werk kamen aber immer wieder Unfälle vor, und die Arbeiter verletzten sich häufig. Von Zeit zu Zeit flogen zwei weiße Tauben daher und trugen die blutigen Späne davon. Als man Nachschau hielt, fand man die Späne gegenüber der Einsiedelei Ratholds, eben auf dem Felsen, auf dem jetzt St. Georgenberg steht, nach Art eines kleinen Gebäudes aufgeschichtet. Das deutete der selige Gründer als einen Wink des Himmels, daß die Gottessiedlung des Klosters und der Kirche an dieser Stelle erstehen soll, und auf diesem von der göttlichen Vorsehung in so augenscheinlicher Weise bezeichneten Platz wurde nun der Bau errichtet, einige Zellen und ein Kirchlein zu Ehren des hl. Märtyrers Georg und des hl. Apostels Jakobus d. Ä. Unweit der klösterlichen Niederlassung erbaute man unter einer schattenreichen Linde eine Kapelle für das Marienbildnis Ratholds; daher führte die Georgenberger Marienwallfahrt bis in die neuere Zeit herauf die Bezeichnung „Zu Unserer Lieben Frau unter der Linde".

So die Legende. Was sagt aber die neuere Geschichtsforschung dazu? Aller Wahrscheinlichkeit nach verhält sich die Sache so: Rathold von Aibling gehörte einer der mächtigsten und einflußreichsten Familien des Reiches an, dem Geschlechte der Rapotonen, das auch im Unterinntal ausgedehnte Besitzungen hatte und zeitweilig den Gaugrafen für dieses Gebiet stellte. Ratholds Großvater Egino war vermählt mit der Tochter eines reichen, nachweisbar auch in Stans begüterten Romanen, der Quarti oder auch Quartinus hieß. Dieser Name Quartinus lebt möglicherweise heute noch fort in einem Flurnamen; in nächster Nähe von St. Georgenberg gibt es einen „Karteinwald" und einen „Karteingraben"; der Name „Kartein" ist vermutlich aus dem Namen Quartinus entstanden. So ist es leicht erklärlich, warum Rathold von Aibling seine Gründung gerade in der Gegend von Stans machte; bewegte er sich doch damit auf Grund und Boden, der durch seine Großmutter, die Tochter des Quartinus, zum Familienbesitz der Rapotonen gekommen war. Damals war vielleicht auch die „Burg" noch im Besitz dieses reichen Geschlechtes. Zwei weitere geschichtliche Tatsachen sind in diesem Zusammenhang erwähnenswert. Das Kloster St. Georgenberg besaß im Mittelalter ziemlich viele Liegenschaften in Bayern, und diese befanden sich alle in der Gegend von Aibling, also in der Heimat Ratholds; Urkunden darüber, wie diese Besitzungen ans Kloster gekommen sind, fehlen; es handelte sich wohl um Familienbesitz Ratholds, den der Gründer selbst dem Kloster zubrachte, so daß es nicht nötig schien, das urkundlich festzuhalten; ein Gleiches gilt vom Waldbesitz in der Umgebung von St. Georgenberg; offenbar hat man es auch in diesem Fall mit altem Rapotonengut zu tun, das noch in der Gründungszeit dem Kloster zugeeignet wurde. Die Pfarrei Aibling unternahm im Mittelalter alljährlich am zweiten Sonntag nach Fronleichnam einen Kreuzgang nach St. Georgenberg, und in alten Aufschreibungen über diese Kirchfahrt wird die enge Bindung der Aiblinger an Kirche und Kloster als an die Stiftung eines der Ihrigen klar hervorgehoben.

Rathold starb, wenn die Ergebnisse der jüngsten geschichtlichen Forschungen richtig sind, im Jahre 954; als Todestag gibt die klösterliche Überlieferung den Vorabend von Weihnachten an. Die Gründung von Sankt Georgenberg muß demnach in der ersten Hälfte des 10. Jahrhunderts, also vor dem Jahre 950 n. Chr., erfolgt sein.

Der Ruf vom frommen Leben des seligen Rathold und seiner Gefährten, die nach dem Tode des Stifters sein Werk weiterführten, erregte bald die Aufmerksamkeit des damaligen Bischofs von Brixen, des hl. Albuin (976—1006). Er schenkte der Kirche des hl. Georg zum ständigen Unterhalte eines Priesters „an diesem heiligen Orte“ einen Hof zu Thaur und einen zu Aldrans. Man kann wohl annehmen, daß er den Klerikern auf Sankt Georgenberg auch bestimmte Regeln für ihr gemeinsames Leben gegeben habe. („Kleriker“ nannte man damals jene Männer, die im priesterlichen Kleid, aber

St. Georgenberg

ohne Weihen, einzeln oder gemeinsam ein gottgeweihtes Leben führten.) Etliche Edelleute folgten dem Beispiel des Bischofs und machten gleichfalls Schenkungen an die Georgskirche. So gab Graf Otto von Hohenwart seine Besitzungen in Vomp und ein gewisser Richeri schenkte seinen Anteil an Neugründen „zum Unterhalte der Kleriker, die dem hl. Georg dienen“.

Kaiser Heinrich IV., der lange Zeit im Kampf gegen Kirche und Papsttum stand, vor allem gegen Gregor VII., war ein ganz großer Wohltäter der Kirche des hl. Georg. Im Jahre 1097, bei Gelegenheit seiner Rückkehr aus Italien, übereignete er ihr sechs Höfe im Unterinntal, im Gebiete des Pfalzgrafen Rapoto (VIII.); dafür verlangte er, daß in der vorgenannten St. Georgskirche immerdar gebetet und das hl. Meßopfer dargebracht werde für ihn selbst, für seinen Vater Heinrich, seine Mutter Agnes, seine Gemahlin Bertha und für alle, die in seinem Dienst gefallen oder verstorben waren. Derselbe Kaiser übergab bei gleicher Gelegenheit „mit eigener Hand und durch die Hand des Herzogs Welf" der Georgskirche auch eine Anzahl von Leibeigenen, und zwar zu Handen des Klostervogtes Gundachar. Außerdem ließ der kaiserliche Gönner den Eremiten auf Sankt Georgenberg eine Wasserleitung bauen; wer von der Hohen Brücke zur Felsenwand am rechten Bachufer emporschaut, sieht noch deutlich die Anlage, die zum Teil in den Felsen gehauen ist; sie diente bis zum Jahre 1897, also genau 800 Jahre, ihrem Zwecke. Die Übergabe der Leibeigenen „mit eigener Hand" und die Errichtung der Wasserleitung legen die Vermutung nahe, daß der Kaiser selbst auf St. Georgenberg war. Ein weiterer Beweis seiner Huld ist die Schenkung von Reliquien des hl. Romedius und einer Reliquie des hl. Georg.

Die reichste Stiftung auf den Altar des hl. Georg machten aber die Ritter von Schlitters im Zillertal, die Brüder Dietrich und Gerwein und ihr Schwestersohn Heinrich, ein Kleriker: das ganze Gebiet vom Wankradsbach in der Gemeinde Eben bis zum Pittenbach (an der tirolisch-bayrischen Grenze) mit dem Achensee, mit der Buchau und dem Hardberg (später Prechatberg genannt, zwischen Seespitz und Pertisau), mit Waldungen, Feldern und allem, was Menschen gebrauchen können, und mit allen Bewohnern beiderlei Geschlechtes als Leibeigenen. Dafür begehrten sie für sich das Begräbnis auf

St. Georgenberg. Ja, einer von diesen drei großherzigen Stiftern aus dem Geschlechte der Ritter von Schlitters, Dietrich, „unter ihnen der Weiseste“, trat selbst der religiösen Genossenschaft bei. Wann diese Schenkung bzw. Stiftung erfolgte, steht urkundlich nicht genau fest; denn die lateinische Urkunde trägt kein Datum; eine alte Übersetzung ins Deutsche aber führt das Jahr 1112 an.

Manchen überkommt vielleicht ein leises Erschrecken, wenn er von Leibeigenschaft und Leibeigenen hört, und der eine und andere denkt etwa gar an Ketten und Bande, an Tortur und Pein, an harte Fron bei schmaler Kost, und stellt sich das „finstere Mittelalter“ noch viel finsterer vor, als es in Wirklichkeit war. Die Arten der Leibeigenschaft waren nicht immer und nicht überall gleich; die schlimmsten Härten des Frühmittelalters wurden später gemildert, und manche Erscheinungsformen der Leibeigenschaft waren in den österreichischen Alpenländern überhaupt nicht bekannt und geübt. Soweit uns die Urkunden des Klosters St. Georgenberg einen Einblick in diese Dinge gewähren, hat hier das alte Sprichwort wirklich gegolten: „Unter dem Krummstab ist gut leben.“ Gewiß, die Leibeigenen genossen in manchen Belangen recht wenig Freiheit, durften z. B. die Scholle nicht verlassen und durften nicht heiraten ohne die Erlaubnis ihres Herrn; aber allerlei ähnliche Einschränkungen der persönlichen Freiheit gibt es auch heute noch, auch in Ländern, die den Anspruch erheben, eine hohe Kultur und Zivilisation zu besitzen.

Es wird wohl oft so gewesen sein, wie es um das Jahr 1112 Heinrich von Schlitters anordnete, als er seine Dienerschaft „Gott und dem heiligen Georg“ gab mit der Bedingung, jeder der Dargegebenen müsse der Kirche des hl. Georg jährlich einen bestimmten Geldbetrag entrichten und nur, wer das drei Jahre unterläßt und auch im vierten Jahre noch nicht zahlt, soll zum persönlichen Dienste verhalten sein, und zwar in der Landwirtschaft, wenn er dazu fähig ist, außer er wäre durch Krankheit oder Gefangenschaft verhindert. In ähnlicher Weise gingen im Jahre 1319 Gebolf von Baumkirchen und seine Frau Elsbet vor; sie gaben dem Kloster eine gewisse Mechtild, Tochter Heinrichs des Parschalchs von Innsbruck, als Leibeigene; zugleich aber schenkten sie ihr die Freiheit und verlangten dafür, daß die für frei erklärte Leibeigene Mechtild zunächst selbst und nach ihrem Tod ihre Erben dem „guten Sankt Jörgen" jährlich einen Zwanziger reichen sollen; es war dies Gebolfs und Elsbets „Seelgerät", d. h. eine Art Entschädigung an das Kloster für Begräbnis, Seelengottesdienst und Jahrtag der Geber.

Wenn es den Leibeigenen des Klosters schlecht gegangen wäre, dann hätten wohl kaum die Brüder Peter und Jakob die Plümen ihre Schwester Gertraud, „eine freie Frau", und noch dazu, wie es ausdrücklich vermerkt wird, auf Gertrauds Bitten und nach ihrem eigenen Willen, dem Kloster als Leibeigene geschenkt, wie es unterm 9. Dezember 1347 urkundlich feststeht; und es wäre sicher nicht geschehen, daß sich einer selbst freiwillig dem Kloster als Leibeigenen übergeben hätte, wie es am 6. Jänner 1348 Engelmar ab dem Stayn auf dem Wattenberge und am 5. August 1354 Chunrad Täuschel zu Tann getan haben.

Verhältnismäßig schon früh, jedenfalls noch im 14. Jahrhundert, hob das Kloster die eigentliche Leibeigenschaft im Achental auf und überließ die Güter den Talbewohnern in Erbpacht gegen Entrichtung eines Grundzinses und gewisser Naturalleistungen sowie gegen Abgabe eines Reverses. Da war also für einen kleinen Kreis etwas vorausgenommen, was für die Allgemeinheit erst viel später durchgeführt wurde. Ein Rest persönlichen Dienstes bestand noch Mitte des 16. Jahrhunderts für die dem Kloster St. Georgenberg grundhörigen Bewohner von Achental, Vomp, Fiecht und Stans, und zwar für die Dauer von höchstens drei Tagen im Jahr.

Errichtung der Abtei — Aufblühen der Wallfahrt

Doch kehren wir wieder in die Zeit kurz nach dem Jahre 1100 zurück! Eine alte Chronik berichtet, daß die Adelsgeschlechter der Ritter von Säben (bei Klausen in Südtirol), von Freundsberg (bei Schwaz) und von Schlitters (im Zillertal) bei der Kirche des hl. Georg auf dem Berg je ein Haus gebaut haben. Nun bot die Gründung Ratholds alle Voraussetzungen zur Errichtung einer Abtei: Kirche, Klostergebäude und die notwendige wirtschaftliche Grundlage. Bischof Reginbert von Brixen (1125—1140), selbst Benediktiner von Admont und dort Prior, später Abt von St. Peter in Salzburg, erhob die klösterliche Gründung auf dem St. Georgenberg zu einer Benediktinerabtei und ernannte Eberhard aus dem Geschlechte der Aiblinger zum ersten Abt. Papst Innozenz II. bestätigte am 30. April 1138 die Errichtung der Abtei und die Einsetzung des Abtes Eberhard. Bischof Reginbert verlieh der neuen Abtei die Pfarrei Vomp, eine der ältesten des Unterinntals, zu der damals u. a. auch Schwaz gehörte. Reginberts Nachfolger auf dem Brixner Bischofsstuhl, der selige Hartmann, übergab dem Kloster die Pfarrei Achental. Auch soll er dem ersten Abt einen Bischofsstab zum Geschenk gemacht haben, der in der Tiroler Kunstgeschichte als „Hartmannsstab" bekannt und noch im Kloster vorhanden ist. Auf eine Anregung des gleichen Bischofs Hartmann sollen auch

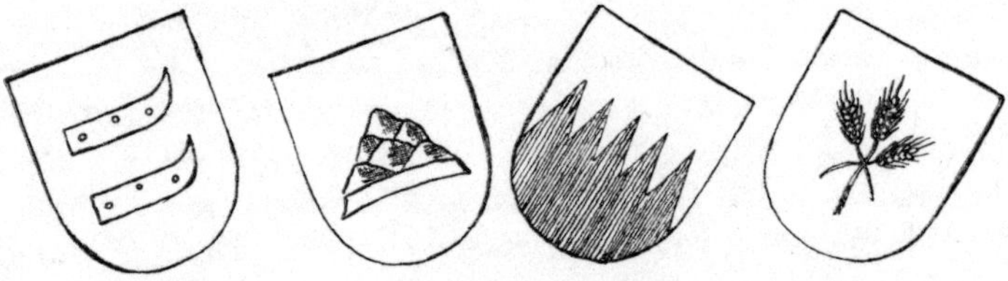

Wappen der Ritter von Schlitters, Freundsberg, Säben, Aibling

die Kreuzgänge nach St. Georgenberg zurückgehen, die um diese Zeit einsetzten; aus den Bistümern Brixen, Freising und Chiemsee (das 1808 aufgelöst und 1818 zum Teil mit Salzburg, zum Teil mit München-Freising vereinigt wurde) und aus dem Erzbistum Salzburg kamen die Gläubigen mit Kreuz und Fahnen auf den heiligen Berg, verrichteten da ihre Andacht und spendeten der Kirche ihr Almosen. 36 Jahre führte Abt Eberhard den Hirtenstab und erfreute sich bei geistlichen und weltlichen Großen des höchsten Ansehens wegen seiner Weisheit und Frömmigkeit und wegen seines Eifers für die Kirche Gottes.

Über diese Kreuzgänge sollen hier im Zusammenhang einige interessante Einzelheiten berichtet werden.

Man kann wohl als geschichtlich annehmen, daß die ersten Anfänge der Wallfahrten überhaupt in die Zeit um das Jahr 1000 hinaufreichen und daß auch Kreuzgänge teilweise schon vor Bischof Hartmann bestanden haben, daß aber der selige Hartmann die Durchführung der bereits bestehenden Kreuzgänge besser organisierte, daß er eine genaue Ordnung aufstellte und daß er vielleicht sogar Art und Maß der in der Kirche des hl. Georg darzubringenden Almosen oder Opfergaben bestimmte. Sicher ist auf jeden Fall, daß er diese Kreuzgänge auf alle Weise förderte und daß er sich für deren Förderung auch bei den Bischöfen der Nachbardiözesen einsetzte. Abtei und Wallfahrt St. Georgenberg gehören sozusagen von Anfang an zusammen, und die Geschichte der einen ist immer auch ein Stück Geschichte der andern; beide sind miteinander aufgeblüht und haben miteinander Zeiten des Niederganges erlebt, beide haben viel einander gegeben und voneinander empfangen.

Die Wallfahrtstage waren genau festgelegt; daß die Kreuzgänge immer nur in der besseren Jahreszeit veranstaltet werden konnten, nämlich in den Monaten April bis September, ist selbstverständlich. Den Anfang machten die Achentaler am Feste des hl. Georg, das damals noch am 24. April gefeiert wurde. Der Abschluß war den Vompern vorbehalten, zu deren Pfarrsprengel auch Schwaz und St. Margarethen, Terfens und Stans gehörten. Die Weitfahne hatte die Pfarrei Aibling mit Mutrachting, Willing und Elmosen; auch die Zahl der Teilnehmer war, wie es scheint, beim Aiblinger Kreuzgang am höchsten; vom Jahre 1447 wissen wir z. B., daß ungefähr 300 Personen die Kreuzfahrt mitmachten. Die Aiblinger kamen noch dazu aus freien Stücken, während die anderen Pfarreien irgendwie verpflichtet waren. Nur die Aiblinger durften in der Klosterküche kochen, „weil sie mit dem Bau unseres Klosters den Anfang gemacht", wie Abt Kaspar Augsburger schreibt. Nicht nur die von Aibling, auch andere hatten einen ganz ansehnlichen Weg zu machen; so etwa der Pfarrer von Ebbs mit seinen Seelsorgskindern, zu denen auch die Bewohner von Kufstein, Walchsee und Niederndorf gehörten; oder der Pfarrer von Söll, in dessen Pilgerschar auch die von Ellmau, Scheffau und Wildschönau eingereiht waren; oder auch der von Patsch, mit dem außer seinen eigenen Leuten auch die von Lans, Sistrans und Ellbögen den Berg des hl. Georg erstiegen. Der Fügener Pfarrherr führte so ziemlich das ganze Zillertal, soweit es zur Diözese Brixen gehörte, nämlich Fügen, Straß, Schlitters, Hippach, Uderns, Ried und Tux, während mit seinem Amtsbruder von Zell am Ziller außer den Zellern selber nur noch Hart und Stumm zur Kirche des hl. Georg wallten. Münster brachte auch Wiesing, Eben und Jenbach mit; aus dem Stubaital kam Telfes mit Fulpmes, Mieders und Neustift; der Kreuzgang von Axams umfaßte noch Oberperfuß, Kematen, Götzens, Zirl und Reith bei Seefeld; mit denen von Matrei am Brenner erschienen die Trinser, mit den Kirchbichlern die von Wörgl, Itter, Schwoich und Häring; mit Kolsaß schlossen sich Volders, Wattens, Weer, Weerberg und Pill zu gemeinsamer Wallfahrt zusammen; zu den Leuten von Brixen im Thal gesellten sich die Hopfgartner,

Westendorfer und Kirchberger, und ihnen dürften sich später wohl auch die St. Johannser angeschlossen haben; Mils und Baumkirchen (einschließlich Fritzens und Gnadenwald) gingen miteinander, und wiederum Thaur, Rum und Arzl, während Hall, Absam, Ampaß, Kitzbühel und Kirchdorf Alleingänger gewesen zu sein scheinen; der Pfarrer von Reith bei Brixlegg nahm auch Kundl, Bruck i. Z., Alpbach und Radfeld mit.

Das Programm eines solchen Kreuzganges war bis ins kleinste geregelt. Die Pilgerzüge aus der Umgebung kamen in der Früh zum Amt und gingen am gleichen Tag wieder heim; so vor allem Vomp, aber auch Münster, Kolsaß und Mils, jeweils mit den Gläubigen aus jenen damals zur Urpfarre gehörigen Dörfern, die jetzt längst selbständige Pfarreien sind; ja sogar die Achentaler trafen erst am Morgen auf St. Georgenberg ein. Alle anderen kamen am Abend zur Vesper. Wenngleich das Bergkloster früher bedeutend größer war als heute, so mag es doch manchmal nicht leicht gefallen sein, die Wallfahrer für die Nacht unterzubringen; sie durften keine großen Ansprüche stellen; aber die Leute waren ja zu jener Zeit im allgemeinen viel genügsamer. Ein Bett im Gästehaus des Klosters bekamen nur die Geistlichen, die Kirchpröpste oder Kirchmaier, die Mesner und vielleicht sonst noch der eine und andere; die übrigen mußten sich wohl mit einem einfachen Lager auf Heu oder Stroh begnügen, und das wahrscheinlich meist nicht im Kloster selber, sondern auf einem der benachbarten Berghöfe; aus zeitgenössischen Aufschreibungen ist uns beispielsweise bekannt, daß die Pilger aus Söll, Ellmau, Scheffau und Wildschönau auf dem Hofe „Heuberg“ übernachteten und erst am frühen Morgen ins Kloster kamen. Sicher haben die Heuberger dafür eine Vergütung vom Kloster bekommen; es ist ja auch von „Durach“ und „Roßweid“ aufgeschrieben, daß man ihnen den Zehent nachgelassen hat, „die weil die Kreuz darüber her gangen sein, das ihnen beschwerlichen gewest.“

„Beschwerlich“ dürften ihnen hauptsächlich die Pferde der Pilger gewesen sein; denn die aus weiter entfernten Pfarreien kamen zum Teil, vielleicht aus mancher Pfarrei sogar alle zu Pferde; die Tiere hat man dann wohl über Nacht auf freiem Feld gelassen, und man kann sich leicht denken, daß diese Felder dann keinen großen Ertrag mehr abwarfen; um 1555 wurden der Duracher und der Roßweider verhalten, wieder den vollen Zins zu zahlen, „dieweilen nun yetz kein Kreuz mer daher kombt.“

Mit Speise und Trank wurden die Wallfahrer gut gehalten; die Priester wurden gewöhnlich an den Abttisch geladen, die Kirchpröpste und Mesner sowie die Almosensammler wurden bevorzugt verpflegt, aber auch die gewöhnlichen Pilger, die mit den Kreuzgängen kamen, lebten nicht schlecht. Auch die Pferde wurden nicht vergessen und erhielten ihr Futter, wenn auch nur die Reittiere der Geistlichen und Kirchpröpste im Reitstall beim Kloster untergebracht und versorgt werden konnten.

Wieviel Leute kamen, hing jedenfalls von verschiedenen Umständen ab, vor allem von der Größe der Pfarrei; aus kleineren Pfarreien erwartete man wenigstens 20—30, aus größeren wenigstens 30—40 Teilnehmer. Gedacht war die Sache so, daß aus jedem Haus, „aus dem der Rauch aufsteigt“, wenigstens ein Mann erscheinen sollte; Frauen waren von diesen gemeinsamen Kirchfahrten anscheinend allgemein ausgeschlossen, sicher weiß man das vom Aiblinger Kreuzgang. Die Durchschnittszahl der Kreuzgangsteilnehmer kann man etwa, Priester und andere Amtsträger inbegriffen, mit 60—70 annehmen.

Das Almosen an die Kirche bestand ursprünglich in Geld, Weizen, Wachs und Käse; die Naturalgaben wurden aber in den einzelnen Pfarreien gesammelt und dann von den Klosterleuten an Ort und Stelle abgeholt. Später wurde die Wachsspende in eine Geldgabe umgewandelt und man nannte diese Spende, die über das gewöhnliche Geldopfer gegeben wurde, den „Lichtpfennig“

oder „Wachsdenar". Die Höhe der Geldspenden war für die einzelnen Pfarreien festgesetzt, wurde aber, soweit die vorhandenen Aufschreibungen darüber Aufschluß geben, nicht immer voll erreicht; für Kirche und Kloster wird nicht allzuviel geblieben sein; es mußten ja die Kosten für Verpflegung und Unterkunft der Pilger und für die Versorgung der Pferde bestritten werden, und auch die „Ehrungen", die der Abt den Priestern, Kirchpröpsten, Kornsammlern und Mesnern reichen mußte, kosteten etwas. Diese „Ehrungen" waren durch Brauch und Herkommen bestimmt und je nach Pfarreien und Empfängern verschieden; der Hauptsache nach bestanden sie in Handtüchern, Handschuhen, Filzschuhen, Bockfellen oder Bockhäuten, Baumöl, Pfeffer und Fischen, von welch letzteren die Aale besonders begehrt waren.

Die Kreuzgänge galten der Kirche des hl. Georg und ihrem reichen Reliquienschatz; so fand denn auch der Gottesdienst in der Abteikirche und nicht, wie man meinen möchte, in der Kirche „U. L. Frau unter der Linde" statt. Die Pilger wurden an der Kirchen- oder auch an der Klosterpforte empfangen und ins Gotteshaus geleitet; dort war Predigt, der erste Opfergang und etwa auch Beichtgelegenheit; in der Früh war Amt mit einem zweiten Opfergang, Verkündung der Ablässe, Verehrung der Reliquien, und zuletzt überreichte der Abt oder dessen Beauftragter die „Ehrungen", soweit diese nicht um Weihnachten den Empfängern durch einen Klosterboten überbracht wurden. Die Pfarreien, die erst in der Früh mit dem Kreuz auf dem hl. Berg eintrafen, hatten jedenfalls alles am Vormittag, und es mag besonders in späterer Zeit, als die Zahl der Priester im Kloster mitunter äußerst gering war, für die Mönche ziemlich streng gewesen sein. Sicherlich haben die Wallfahrer, wenigstens sofern sie das erstemal die Pilgerfahrt mitmachten, die Kirche mit ihren schönen Bildern und Altären eingehend bewundert und die verschiedenen

Kapellen besichtigt, die außerhalb der Klostermauern lagen, sind wohl auch ins „Heiltumgewölbe“ (d. h. die Reliquienkapelle in der Unterkirche) hinabgestiegen, um die Schreine, Kreuze und Monstranzen anzustaunen, die der fromme Sinn edler Wohltäter für die zahlreichen Reliquien hatte anfertigen lassen, und sie haben bestimmt auch bei „U. L. Frau unter der Linde“ einen andächtigen Besuch gemacht, um dann wieder, körperlich erquickt und seelisch gehoben, den Heimweg anzutreten. Ohne Zweifel ist von diesen Wallfahrten viel Segen und viel geistlicher Nutzen, viel Trost und Kraft ausgegangen für die von Kummer und Sorgen bedrückten und von vielerlei Leid bedrängten Kreuzträger unter den Pilgern.

Wir sind ein Stück vorausgeeilt und müssen wieder zurück. Um das Jahr 1200 wurde die alte Kirche, in der noch die Stifter gebetet, die ersten Georgenberger Benediktiner ihr Gotteslob gesungen und die ersten Wallfahrer ihre Andacht verrichtet hatten, zu klein, und deshalb bauten sie eine neue, schönere und wahrscheinlich auch größere. Unter dem Abte Sigebot (1204—1207) weihte sie Bischof Konrad von Brixen am 17. Oktober 1204 zu Ehren des hl. Martyrers Georgius und des hl. Apostels Jakobus d. Älteren.

Unter Abt Wernher (1212—1242) machte der Priester Kuno von Marling eine Stiftung bei der „Kapelle der Mutter Maria“. In der über diese Stiftung ausgefertigten Urkunde wird zum erstenmal in einer geschichtlich sicheren Quelle eine Marienkapelle genannt; da im Stiftbrief von einer Prozession zur Marienkapelle die Rede ist und aus anderen Urkunden und sonstigen alten Schriften nicht zu entnehmen ist, daß es auf St. Georgenberg noch ein zweites Marienheiligtum gegeben hätte, haben wir es wohl hier schon mit dem Kirchlein „U. L. Frau unter der Linde“ zu tun. Auch die zur gleichen Zeit erfolgte Stiftung einer hl. Messe „von der hl. Maria auf deren Altar“ durch den Pfarrer Rupert von Algund bezieht sich vielleicht auf dasselbe Kirchlein; ebenso kann es sich wohl nur um das Lindenkirchlein handeln in jenem Ablaßbrief des Bischofs Vital von Milene vom 10. Mai 1395, in dem eine „in der Nähe gelegene Kapelle der seligen Jungfrau Maria außerhalb des Klosters" erwähnt wird. Dieses altehrwürdige Bauwerk, jetzt unter der Bezeichnung „Dreifaltigkeitskirchlein" bekannt, weist ja auch deutliche Spuren des romanischen Baustiles auf und dürfte also ebenfalls unter Abt Sigebot erbaut worden sein, der als „ein sinnreicher, hochverständiger Mann" gerühmt wird.

1255 munterte Erzbischof Philipp von Salzburg die Gläubigen seines Kirchengebietes auf, altem Brauche gemäß Kreuzgänge nach St. Georgenberg zu veranstalten, und 1267 tat Bischof Heinrich von Chiemsee ein Gleiches für seinen Sprengel.

Schwere Heimsuchungen und manches Tröstliche

Nicht allzulange hatten sich Abtei und Wallfahrt St. Georgenberg einer ruhigen Entwicklung erfreuen dürfen, da brach schweres Unglück über die Rapotonenstiftung herein. Am 26. Juli 1284 brannte unter dem Abte Konrad II., dem Vomper, wahrscheinlich infolge Blitzschlag, das Kloster ab. Der Abt und seine Mönche übersiedelten für kurze Zeit auf den zum Kloster gehörigen Hof Penck (jetzt „Bauhof"), der auf einem durch die Ordensbrüder urbar gemachten Mittelgebirge zwischen Fiecht und St. Georgenberg liegt. Bischof Bruno von Brixen ermahnte in einem Schreiben vom 3. August die Seelsorger seiner Diözese, die Gläubigen zu milden Beiträgen für den Wiederaufbau des Klosters aufzumuntern, und verlieh allen, die zu diesem guten Werk ihre hilfreiche Hand leihen würden, einen Ablaß; ein Gleiches taten die sieben Bischöfe, die soeben zur feierlichen Einweihung der Stiftskirche von Stams im Oberinntal versammelt waren; ihr Brief ist datiert vom 5. November 1284. So haben die Mönche, die Abt Konrad mit einem Begleitschreiben vom 7. August auf Sammlung ausschickte, wohl bereite Herzen und offene Hände gefunden. Die Behebung der Brandschäden hat dem Abt ohne Zweifel große finanzielle Sorgen bereitet; sicher geschah es auf seine Veranlassung hin, daß fünf Bischöfe, die zu Perugia in Italien beisammen waren, am 24. März 1285 allen jenen einen Ablaß verliehen, die für den Bau oder andere Bedürfnisse des Klosters Beiträge leisten oder diesem testamentarische Vermächtnisse zukommen lassen. Noch der dritte Nachfolger Abt Konrads II., Rupert von Thaur, hatte offenbar mit Bausorgen zu kämpfen; denn in einem Schreiben vom 21. Oktober 1300, das er seinen Boten Otto und Martin mitgab, bat er die Seelsorger, sie sollen im Hinblick auf die Wiedervergeltung Gottes und aus Liebe zum heiligen Georg die Gläubigen ermahnen, dem Kloster durch Almosen zur Hilfe zu kommen; ein Schreiben ähnlichen Inhaltes richtete er an die Gläubigen selber, und in beiden Schriftstücken verspricht er den Wohltätern Anteil an allen hl. Messen, Gebeten und anderen guten Werken der Klosterbewohner. Man wird auch kaum irren, wenn man es dem Betreiben Abt Ruperts zuschreibt, daß Graf Meinhard II. von Tirol mit Geleitbrief vom 16. Mai 1294 allen Teilnehmern an den Kreuzgängen, „die, wie es schon bisher Brauch war, alljährlich zu gewissen Zeiten von überallher zum Kloster St. Georgenberg kommen", volle Sicherheit für ihre Person und Sachen versprach und seine Richter anwies, dafür zu sorgen, daß die Pilger in keiner Weise von irgend jemand belästigt würden.

Hatte die Wallfahrt schon durch zahlreiche Ablaßverleihungen, durch die Bemühungen der Bischöfe und durch die Zusicherung freien Geleites für die Pilger bedeutende Förderung erfahren, so gewann sie einen noch größeren Auftrieb durch die Begebenheit mit dem hl. Blut.

Nach dem Bericht der ältesten Klosterchronik und anderer alter Schriften feierte zur Zeit des Abtes Rupert (1292—1316) im Jahre 1310 ein fremder Priester in der St. Georgskirche die hl. Messe; als er nun bei der Kommunion das hl. Blut genießen sollte, kamen ihm auf einmal Zweifel, ob unter der Gestalt des Weines im Kelch auch wirklich Jesus Christus gegenwärtig sei; da nahm der in das kostbare Blut Unseres Herrn verwandelte weiße Wein die rote Farbe und den Geschmack und Geruch des Blutes an, und der erschrockene Priester war nicht mehr imstande, dieses „warlich sichtig und wesentlich Plut" zu genießen. Den Rest desselben „heiligen und wunderzaichlichen Pluts" und das Tuch, mit dem der Kelch ausgetrocknet worden war, bewahrte der Abt auf. Bis zum Jahre 1480 war das heilige Blut noch

„so frisch, als ob es heut aus einer Wunden vergossen wär“, wie der Chronist sagt. Um diese Zeit wurde es in eine Glasröhre gefüllt; diese kunstvoll gefaßte Glasröhre mit dem inzwischen eingetrockneten heiligen Blut wird noch jetzt in einer eigenen Monstranz verwahrt und auf Verlangen auch den Wallfahrern zur Verehrung gezeigt.

Ob die Zeitangabe der alten Chronik in dieser Sache stimmt, wird bezweifelt; man ist eher geneigt, als wahrscheinlich anzunehmen, daß sich das wunderbare Ereignis mit dem heiligen Blut viel früher, vielleicht schon 100 Jahre vorher, zugetragen hat.

Unter den Wallfahrern und Wallfahrerinnen, die in jener Zeit nach St. Georgenberg kamen, war die eifrigste und andächtigste sicherlich St. Nothburg, die heilige Dienstmagd, gleichviel, ob sie gerade beim Grafen auf der Rottenburg (bei Rotholz gegenüber Jenbach) oder beim Bauern auf dem Eben im Dienst stand; oft und oft pilgerte sie auf den heiligen Berg, um da dem Gebete und anderen Übungen der Frömmigkeit zu obliegen. Zwischen den Benediktinern auf Georgenberg und den Rottenburgern bestanden ja enge Beziehungen; die reichen und mächtigen Rottenburger haben dem Kloster manche ansehnliche Stiftung gemacht, viele von ihnen waren dort begraben, und die klösterliche Überlieferung weiß zu melden, daß ein Georgenberger Benediktiner zeitweilig den Posten eines Schloßkaplans auf der Rottenburg bekleidete. Einer von ihnen soll dann auch, als die Heilige am 14. September 1313 gestorben war, ihre Leiche zum Begräbnis nach Eben begleitet haben.

Die Wunden, die der Brand von 1284 dem Kloster geschlagen hatte, mögen eben erst richtig vernarbt gewesen sein, da wurden schon wieder neue aufgerissen, freilich ganz anderer Art; es kam die Pest über Tirol. Viele Einsichtige im Lande betrachteten die schwere Heimsuchung als eine Strafe Gottes für den ärgerniserregenden Ehebruch der Landesfürstin Margaretha Maultasch, die ihren ersten Gemahl, Johann von Böhmen, verstoßen und einen Verwandten, den Markgrafen Ludwig von Brandenburg, geheiratet hatte. Die furchtbare Seuche verschonte auch die einsame Mönchssiedlung auf dem Georgenberg nicht. In dem einen Monat November des Pestjahres 1348 starben vier Priestermönche im Kloster. Im folgenden Jahre raffte der Tod wieder vier Konventualen hinweg, darunter den Abt Berthold von Gebenhofen, den Prior und sogar noch den Abt Jakobus, den Nachfolger des eben kurz vorher verstorbenen Abtes Berthold. Aus den Urkunden der damaligen Zeit ist zu entnehmen, daß die Zahl der Priestermönche im Kloster durchschnittlich etwa acht betrug; daraus kann man ermessen, was für ein schwerer Schlag diese Todesfälle für das Kloster waren: Innerhalb von zwei Jahren war fast der ganze Konvent ausgestorben.

In den zwei genannten Jahren, als so viele von einem jähen und unversehenen Tode angefallen wurden, sind die auf St. Georgenberg errichteten Stiftungen auffallend zahlreich; der Beweggrund dazu mag wohl bei den meisten Stiftern der gleiche gewesen sein, wie ihn Heinrich, der Schreiber zu Steinach, in seinem Stiftbrief angibt, er habe für sich selbst gesorgt, „als Unser Herr vom Himmel das große Leutesterben verhängte“, und habe die Angelegenheiten der eigenen Seele geordnet.

Als ein Zeichen der hohen Wertschätzung, deren sich Kirche und Kloster in der gottnahen Abgeschiedenheit erfreuten, ist es zu werten, daß viele hier der einstigen Auferstehung entgegenharren wollten. Ja, mancher vornehme Ritter und mancher wohlhabende Bürger verordnete in seinem Testament, daß sein Leichnam, wäre der Tod auch in weiter Ferne erfolgt, von einem Georgenberger Benediktiner abgeholt und zum Kloster geleitet werden soll, um hier beerdigt zu werden. Männer und Frauen vom höheren und niederen Tiroler Adel haben hier ihre letzte Ruhestätte gefunden, Schlitterer und Rottenburger (u. a. auch die Dienstgeber der heiligen Nothburg, Ritter Heinrich und seine beiden Gemahlinnen Ottilia und Margret), Freundsberger und Fragensteiner, Mehrensteiner und Pernekker, die Herren von Lichtwert und die von Thaur, die von Weer und die Weerberger, die Baumkirchner und die Kolb von Gasteig. Als am 1. Mai 1408 die Gruft der Ritter von Schlitters und derer von Rottenburg geöffnet wurde, fand man darin 46 Leichname samt Wappenschilden, und die Inschrift auf einer Marmorplatte neben dem Altar des hl. Johannes Nepomuk in der Kirche des hl. Georg besagt, daß im Jahre 1662 die Gebeine von mehr als 84 edlen Wohltätern, die aus den Grüften erhoben worden waren, an dieser Stelle beigesetzt worden seien.

Auch um die Verbrüderung mit dem Kloster bewarben sich im Mittelalter sehr viele Gläubige jeden Standes und Ranges; sie erbaten sich von Abt und Konvent Anteil an allen Gebeten und guten Werken, die im Kloster verrichtet wurden, betrachteten sich, wenn ihnen die Aufnahme zugesagt wurde, als Mitglieder der klösterlichen Familie und wurden von den Ordensbrüdern auch als Brüder und Schwestern anerkannt. Zum Zeichen ihres engen Anschlusses an das Kloster gaben sie diesem etwas von ihrem Besitz, etwa ein Stück Grund, einen bestimmten Teil vom Jahresertrag einer Liegenschaft oder dergleichen; vom Kloster hinwiederum empfingen sie als Zeichen der Brüderschaft jährlich eine Gabe, und zwar vor Weihnachten ein Paar Filzschuhe, „Bruderschuhe“ genannt. Nach ihrem Hinscheiden wurden ihre Namen in das Totenbuch des Klosters eingetragen, und am Jahrestag wurde ihrer im hl. Opfer und im Gebete besonders gedacht; außerdem wurde jedes Jahr am 4. Mai für alle diese verstorbenen Verbrüderten ein gemeinsamer Jahrtag gehalten. Es war das etwas Ähnliches wie das „Institut der Weltoblaten des hl. Benedikt“, das heutzutage bei vielen Benediktinerabteien besteht, freilich jetzt auf rein geistiger Grundlage und ohne die damals übliche gegenseitige Beschenkung zum Zeichen der Zusammengehörigkeit.

Abt Kaspar I. Schläßbeck, ein gebürtiger Haller, hatte 1415 „zu Hall von einem Meister“ ein Marienbildnis anfertigen lassen, das dann später „Meister Ulrich in dem Gottshaus“ gefaßt hat; es könnte dies das jetzt noch verehrte Bildnis der Schmerzhaften sein, das nach dem Urteil von Sachverständigen aus der Zeit um 1420 stammt; wann und auf welche Weise das ursprüngliche Gnadenbild zugrunde gegangen ist, ist nicht bekannt. Am 27. März 1424 begann über Auftrag des Abtes Kaspar I. ein Maler von Hall, Meister Leonhard, genannt Seltzam, die Marienkapelle (unter der Linde) zu bemalen; leider sind diese Malereien längst nicht mehr erhalten. Bei dem obgenannten „Meister Ulrich“ handelt es sich wohl offenbar um den gleichfalls als Maler bekannten Bruder des Leonhard Seltzam, der also jedenfalls gemeinsam mit seinem Bruder auf St. Georgenberg arbeitete und unter anderem die Fassung des kurz vorher gelieferten Vesperbildes zu besorgen hatte. Das ergreifend schöne gotische „Vesperbild“ (so nennt man Darstellungen der Mutter Gottes mit dem Leichnam Jesu auf dem Schoß) war noch kaum ein Menschenalter lang von den Pilgern verehrt worden, als ihm auch schon der Untergang drohte.

Am Allerheiligentage des Jahres 1448 um 4 Uhr in der Früh brannte die Hohe Brücke ab; 3 Wochen später, am 22. November zwischen 11 und 12 Uhr in der Nacht, wurden sämtliche Gebäude des weltabgeschiedenen Bergklosters ein Raub der Flammen; doch gelang es auch diesmal wieder, die wertvollsten Kostbarkeiten, vor allem auch die Urkunden und die sorglich gehüteten Bücherschätze, großenteils vor dem wütenden Element zu retten. Es liegt die Vermutung nahe, daß der Brand gelegt worden sei. Welche von den beiden alten Schriften recht hat, ob die, welche den Brand in das Jahr 1448 setzt, oder die andere, die das Jahr 1450 angibt, ist schwer zu sagen; doch das ist ja schließlich nicht so wichtig; auf jeden Fall befand sich das Kloster durch den

Brand wieder in schwerer Notlage. Wir wundern uns nicht, daß Abt Johannes I. Theuerl bereits am 19. Jänner 1451 aus Gram über das Brandunglück starb. Sein Vorgänger, Abt Nikolaus I. Schieferdecker, der ohnehin mit dem leidigen Schwazer Brückenstreit Verdruß und Auslagen genug gehabt hätte, war ein Jahrzehnt vorher genötigt gewesen, den Hof Penck neu zu bauen, der in der Nacht vom Fasnachtdienstag auf den Aschermittwoch des Jahres 1438 niedergebrannt war; ob nicht etwa das Gesinde zu Fasnacht allzu reichlich dem Weine zugesprochen und dann durch unvorsichtiges Hantieren mit Kerze oder Kienspan den Brand verschuldet hat? Penck war ja damals der Landwirtschaftsbetrieb des Klosters, und die landwirtschaftlichen Arbeitskräfte wohnten selbstverständlich dortselbst.

Im Jahre 1446 wurde Abt Johannes I. von höherer Stelle beauftragt, in Fragen der Besetzung des Bischofsstuhles von Trient zum Konzil nach Basel zu reisen. Diese Gelegenheit benützte er, um den Konzilsvätern die Bitte vorzutragen, sie möchten ihm und seinen Nachfolgern den Gebrauch der Pontifikalien gestatten. Die Äbte anderer Klöster hatten dieses Vorrecht schon seit langem inne. Mit Schreiben vom 27. April 1448 wurde die erbetene Erlaubnis tatsächlich erteilt, so daß von dieser Zeit an die Äbte von St. Georgenberg bei feierlichen gottesdienstlichen Handlungen die Infel, den Hirtenstab, den Ring und die besonderen heiligen Gewänder tragen dürfen, wie sie die Bischöfe gebrauchen. Die Wallfahrer mögen wohl mit Staunen und Bewunderung zum Altar geblickt haben, als sie zum erstenmal den Abt mit diesen Abzeichen der hohenpriesterlichen Würde bekleidet sahen; freilich, die päpstliche Bestätigung dieses Privilegs scheint erst 30 bis 40 Jahre später erfolgt zu sein.

Sehr wahrscheinlich ist es den Bemühungen des gleichen Abtes zu verdanken, daß Kaiser Friedrich III. dem Kloster im Jahre 1450 das Asylrecht oder die Freiung gewährte. Dieses Recht wurde im Mittelalter oft an Kir-

Freiungssäule

chen und Klöster verliehen und hatte zu bedeuten, daß ein Verbrecher, dem es gelang, in das gefreite Gebiet zu fliehen, von den Dienern der weltlichen Gerichtsbarkeit nicht mehr ergriffen werden durfte, wenigstens nicht ohne die Zustimmung des Kirchenvorstehers, in unserem Falle also des Abtes; einige besonders schwere Verbrechen, z. B. vorsätzlicher Mord, waren allerdings von dieser Vergünstigung ausgenommen. Das gefreite Gebiet von St. Georgenberg begann gegen das Gericht Freundsberg an der Stelle, wo der geschlossene Besitz des Klosters anfängt; dort steht die Freiungssäule. Gegen das Gericht Rottenburg lag die Freiungsgrenze zwischen Stans und Tratzberg; sie soll vor alten Zeiten durch eine ähnliche Säule gekennzeichnet gewesen sein. Die Freiung wurde im Laufe der Jahrhunderte zu wiederholten Malen beansprucht und gewährt. 1583 focht zwar der Landesfürst Erzherzog Ferdinand II. das Asylrecht des Klosters an; für diesmal aber gelang es dem Abte Benedikt I. Fischbacher, es zu halten. Am 13. Jänner 1732 jedoch wurde es durch den Pfleger, d. h. Richter, von Schwaz gewaltsam gebrochen; Leopold Einperger kam in der Nacht mit 20 Mann Miliz den hl. Berg heraufgestiegen, sprengte die eiserne Sakristeitür der St. Georgskirche auf und nahm den „Schneiderpärtl" von Schwaz gefangen, der am Heiligendreikönigstag während der Vesper in der Schwazer Pfarrkirche einen blutigen Raufhandel verursacht hatte; so weit aber achtete der gestrenge Richter das Freistättenrecht des hl. Georg doch noch, daß er den Gefangenen erst außerhalb der Freiungsgrenze in Fesseln legen ließ.

Abt Johannes II. von Freiberg nahm die Wiederherstellung des durch die Brunst zerstörten Klosters in Angriff; aber es scheint ziemlich langsam gegangen zu sein. Glaublicherweise hat er sich zuerst der Restaurierung der Kirche zugewandt; die kleine Glocke im Turm der St. Georgskirche trägt sein Wappen und die Jahrzahl 1453. Bis alle Schäden behoben waren, vergingen Jahrzehnte. Erst 1461 wurde die Hohe Brücke, die zunächst wohl nur notdürftig hergerichtet worden war, neu gebaut; allerdings fiel sie schon am 1. November 1470 abermals dem Feuer zum Opfer, und kaum war sie wieder errichtet, da stürzte sie am 17. November 1489 (etwa infolge Schneedrucks?) ein; 1497 wurde sie dann wieder neu erbaut.

Zur Zeit des Abtes Johannes II. herrschte im Inntal wieder die Pest; am 15. Oktober 1463 wurde im Friedhof bei „Unserer Lieben Frau unter der Linde“, der am 27. Oktober 1449 die Weihe erhalten hatte, ein Mann namens Ägidius begraben, der an der Pest gestorben war.

Derselbe Abt Johannes von Freiberg gab im Jahre 1465 aus dem großen Heiltumschatz des Klosters die nötigen Reliquien, als am 6. März des genannten Jahres die Liebfrauenkirche in Schwaz mit vier Altären geweiht wurde; in der alten Schrift, die diese Nachricht enthält, steht über die besagte Weihe noch der erklärende Zusatz: „Und das geschah durch den hochwürdigen Herrn in Christus, Caspar, den Weihbischof von Salzburg, nach der Erbauung des Chores jener Kirche.“

Johannes von Freibergs Nachfolger, Kaspar II. Augsburger, war einer der tüchtigsten Äbte von St. Georgenberg und überragte die meisten seiner Vorgänger an Gelehrsamkeit und Kunstsinn; in der Politik des Landes spielte er als der vertrauteste Ratgeber Sigmunds des Münzreichen eine wichtige Rolle. Er verstand aber auch das Wirtschaften; sonst hätte er kaum dem münzreichen Landesfürsten, der nicht selten in argen Geldnöten war, große Summen leihen können. Mit hohen und höchsten Persönlichkeiten stand er in Briefwechsel, empfing ihre Besuche und machte im Auftrag des Erzherzogs viele und weite Reisen an verschiedene Fürstenhöfe, zu Bischöfen und sogar zum Papst. Man muß sich völlig wundern, wie er noch Zeit fand, mit eigener Hand Bücher abzuschreiben, um so die Klosterbibliothek aufzubessern. Daß er die dringend notwendige gründliche Restaurierung des Klosters, das seit dem letzten Brand noch immer nicht im besten baulichen Zustand war, nicht in Angriff nahm, ist begreiflich; es scheint, daß ihm der hiezu erforderliche praktische Sinn fehlte; seine Fähigkeiten lagen auf anderen Gebieten, sein Interesse galt der Kunst und Wissenschaft und notgedrungen der Politik, seine Zeit und seine Mittel waren anderweitig reichlich in Anspruch genommen; aber in vielen Belangen hat er während seiner 22jährigen Regierung für Abtei und Wallfahrt wahrhaft Großes geleistet.

Kaum hatte Abt Kaspar die Leitung des Klosters übernommen, da weihte am 20. Mai 1469 Weihbischof Kaspar von Salzburg die Kirche des hl. Georg. Die Weihe des Kirchleins zu „Unserer Lieben Frau unter der Linde" nahm dann am 17. August 1475 der Brixner Oberhirte Georg Golser vor. In den folgenden Jahren erhielten die beiden Kirchen durch den kunstsinnigen Abt manch wertvolles Stück neuer Einrichtung. Schon 1471 hatte er in Italien einen Tabernakel bzw. ein Sakramentshäuschen aus weißem Marmor für die Kirche des hl. Georg machen lassen. Das seinerzeit in romanischem Stil erbaute Liebfrauenkirchlein unter der Linde ließ er in gotischem Stil umbauen, und am 21. Dezember 1476 erhielt es einen gotischen Flügelaltar mit vier Brustbildern, ein Werk des Meisters Ulrich Vaist von Landsberg; kurz vorher, am 12. September des gleichen Jahres, hatte ein Meister Judokus für den Altar des hl. Georg in der Abteikirche ein Tafelbild geliefert. In eben diesem Jahr erhielt die Kirche vom edlen Georg von Stockach aus Schwaz einen silbernen Arm mit einer Reliquie des heiligen Georg zum Geschenk. 1482 bestellte der Abt bei Meister Konrad Hartmann von Dietramszell ein gotisches Chorgestühl aus Eichenholz und 1488 beim Goldschmied Hans Hecker von Emerich einen Reliquienschrein in der Form eines Sarges aus Silber oder versilbertem Kupfer. Das Chorgestühl kam freilich erst 1492, nach Abt Kaspars Tod.

Unter den Wohltätern, die all diese teuren Dinge bezahlen halfen, war Erzherzog Sigmund der hervorragendste; manches bestritt er ganz aus der eigenen Tasche. Er ließ für die Kirche kostbare hl. Gewänder und Gefäße und andere kirchliche Geräte herstellen, spendete dem Abt eine Infel und einen goldenen Ring, besorgte für das Gotteshaus auf seine eigenen erzherzoglichen Kosten „zur Kurzweil der Brüder und der Kirchfahrter" eine Uhr mit Schlagwerk, wie St. Georgenberg bisher sicher keine besessen hatte, machte ansehnliche Stiftungen und zeigte sich jederzeit und in allen Stücken dem Kloster sehr gewogen. Dafür wurde er denn auch am 9. April 1482 von Abt und Konvent zum „Stifter, Schutz- und Schirmvogt" des Klosters erklärt.

Abt Kaspar II. war aber nicht nur gelehrt und kunstsinnig, er war auch aufrichtig fromm und ein besonders eifriger Verehrer der Mutter Gottes. Am 12. Oktober 1483 errichtete er mit einhelligem Rat des Konventes am Kirchlein Unserer Lieben Frau die Bruderschaft zu den 7 Freuden Mariens, deren Hauptfest dann jeweils am 2. Juli, dem Feste Mariä Heimsuchung, feierlich begangen wurde. Die zahlreichen Ablaßverleihungen, die er erbat, die Erwerbung von Reliquien, um die er sich eifrig bemühte, und die Förderung durch mehrere Bischöfe, ja durch den Papst Sixtus IV. selbst, deren Interesse für St. Georgenberg er zu wecken verstand, trugen viel zu einer merklichen Hebung der Wallfahrt bei. Der Andrang der Pilger war damals zeitweilig so stark, daß die Volksmenge in der Kirche nicht Platz fand und der Papst auf Bitten des Abtes am 16. Mai 1480 die Erlaubnis erteilte, zweimal im Jahr, nämlich am 4. Fastensonntag und am 25. Juli, das Allerheiligste zur Anbetung und die vielen kunstvoll gefaßten Reliquien zur Verehrung unter freiem Himmel auszusetzen.

Abt Konrad VII. Rueß erfüllte eine Pflicht der Pietät, als er mit mehreren seiner Mönche in Innsbruck an den Leichenfeierlichkeiten für den am 4. März 1496 verstorbenen Erzherzog Sigmund den Münzreichen teilnahm. Da dieser Abt viel krank war, führte zweimal ein Administrator für ihn die Regierung: 1503—05 Melchior von Hörningen, Abt von Pfäffers in der Schweiz, der in den Wirren des Krieges der Schweizer gegen Kaiser Maximilian I. sein Heimatkloster hatte verlassen müssen, und 1510—1515 Leonhard Müller aus dem bayrischen Benediktinerkloster Scheyern, der nach Abt Konrads Tod dessen Nachfolger wurde. Zwar erhielt die Kirche des hl. Georg unter Abt Konrad mehrere neue Altäre, so im Jahre 1505 einen in der Gruft unter dem Hochaltar, erbaut durch die Brüder Johann Christoph und Sigmund von Füeger; ebenso bemühte sich Abt Konrad um mehrfache Ablaßverleihungen und um die Aufrechterhaltung der herkömmlichen Kreuzgänge, und auch sonst wirkte er segensreich für das Kloster, soweit es ihm sein schlechter Gesundheitszustand erlaubte.

Als aber dann 1515 Abt Leonhard Müller die Zügel der Regierung allein in die Hände bekam, war es hoch an der Zeit, die dem Einsturz nahen Gebäude von Grund auf neu zu errichten; dazu war Abt Leonhard der richtige Mann; er hatte „aus der Maßen gar ein listigen Kopf zum Bauen“ und nützte diese seine Fähigkeiten auch gründlich aus. Kirche und Kreuzgang, verschiedene Teile des Klosters und mehrere Kapellen, ein großer Keller und zwei Wendeltreppen erstanden neu; auch den Turm bei „Unserer Lieben Frau unter der Linde“ und eine neue Friedhofmauer dortselbst ließ er errichten, und ebenso wurde das Torhaus an der Brücke, dessen schönes spätgotisches Gewölbe noch erhalten ist, neu gebaut.

Freilich hatte noch sein Nachfolger, Abt Bernhard Rieger, schwere Mühe aufzuwenden, um Abt Leonhards Bauschulden in der beachtlichen Höhe von 8000 Gulden abzutragen; dazu kam, daß er die beiden Höfe Heuberg und Penk, die 1525 abgebrannt waren (Penk bezeichnenderweise wieder zu Fasnacht), neu zu bauen hatte; am letztgenannten Hof sieht man noch sein Wappen. Wenn er als „ein großer Feind gelehrter Leut und guter Künste“ bezeichnet wird, wird man das nicht gerade ganz wörtlich nehmen müssen; sicher ist aber, daß sein

Dreifaltigkeitskirchlein

Sinn ganz auf das Praktische gerichtet war und daß er vor allem den landwirtschaftlichen Betrieb des Klosters ins Herz geschlossen hatte und ihn besonders durch seine Sorge für die Almen zu fördern trachtete; die Selbstversorgung des Klosters war um so wichtiger, als die

Naturaleinnahmen zurückgingen, weil die von der Lehre Luthers angekränkelten und von lutherischen Hetzern aufgewiegelten Bauern anfingen, den Zins zu verweigern, und weil durch die Abnahme der Wallfahrt auch die Sach- und Geldspenden an Kirche und Kloster mehr und mehr auszubleiben drohten. Schon gleich zu Beginn seiner Regierung hatte er verschiedene Güter des Klosters, die in Bayern doch ziemlich abgelegen waren, gegen solche im Kufsteiner und Rattenberger Gericht vertauscht, die dem Georgenberg bedeutend näher lagen; die Erwerbung der nahe gelegenen Höfe Weng, Eggen und Roßweid und des Präbstgutes in Fiecht unter seinen Nachfolgern verrät das gleiche Bestreben, daß der Besitzer seinem Besitz möglichst nahe sein soll, um ihn besser im Auge behalten zu können.

In den Vierzigerjahren des 16. Jahrhunderts herrschte im Inntal abermals die Pest; 1541 erging an den Abt ein Befehl des Brixner Bischofs, einen Priester zum Beistand der Pestkranken nach Schwaz zu senden, und 1543 erteilte die Landesregierung einen ähnlichen Auftrag; es mag dem Abte nicht leicht gefallen sein, solchen Aufträgen nachzukommen, da das Kloster damals bereits selbst unter einem fühlbaren Mangel an Nachwuchs zu leiden hatte, was eine Folge der Glaubensspaltung war. Der Priestermangel machte sich übrigens nicht nur hier, sondern auch anderwärts, und nicht nur im Ordens-, sondern auch im Weltklerus bemerkbar.

Auch die Abnahme der Wallfahrt einerseits und ein Rückgang der klösterlichen Zucht und Ordnung anderseits in jenen unruhigen Jahren und den folgenden Jahrzehnten haben in der Glaubensspaltung ihre Hauptursache. Man behalf sich auf St. Georgenberg, so gut es eben ging, mit Aushilfen aus anderen Benediktinerklöstern; zum Teil waren es Ordensleute, die vor den herannahenden Türken hatten fliehen müssen, zum Teil Leute aus Klöstern, die von den grimmigen Feinden des Christentums dem Erdboden gleichgemacht worden waren; nicht wenige auf solche Weise heimatlos gewordene Mönche suchten im abgelegenen Tiroler Bergkloster eine Zuflucht; leider haben sie sich hier nicht alle bewährt.

Der erste und der zweite Nachfolger des Abtes Bernhard haben nicht nur schlecht gewirtschaftet, sondern auch durch einen ärgerniserregenden Lebenswandel dem Ansehen des Klosters schwer geschadet. Das wirkte sich wieder auf den klösterlichen Nachwuchs um so nachteiliger aus, als ohnehin schon durch die sogenannte Reformation Sinn und Neigung zum Priester- und Ordensstand allenthalben bedenklich zu schwinden begann.

Gegen Ende des 16. Jahrhunderts kam es einmal so weit, daß das Kloster St. Georgenberg nur mehr einen einzigen eigenen Pater hatte.

Die Amtszeit des frommen, fähigen und tatkräftigen Abtes Georg II. Seitz war zu kurz, als daß er imstande gewesen wäre, eine dauernde Besserung heraufzuführen. Auch die Äbte Benedikt I. Fischbacher und Johannes III. Rösch, dessen Wirksamkeit übrigens nur zwei Jahre dauerte und der obendrein durch ständiges Kranksein sehr behindert war, mühten sich vergeblich ab, gegen den Strom zu schwimmen.

Die neue Lehre Martin Luthers hatte auch in Tirol viele Anhänger, im Inntal hauptsächlich unter den aus Sachsen eingewanderten Bergknappen; der Landesfürst Erzherzog Ferdinand II. beauftragte 1593 den Abt Michael Geisser von St. Georgenberg, durch Glaubenspredigten der Ausbreitung der neuen Lehre entgegenzuarbeiten. Im Verein mit anderen Missionären unterzogen sich etliche seiner Untergebenen, wie es scheint, nicht ohne Erfolg, dieser Aufgabe. Abt Michael selbst, der sich wegen seiner hervorragenden Kanzelberedsamkeit der besonderen Gunst des Landesfürsten erfreute und wohl hauptsächlich ob seiner bedeutenden Fähigkeiten auf diesem Gebiet auf Betreiben Ferdinands durch den Brixner Oberhirten Kardinal Andreas von Österreich vom Kloster Reichenau her als Abt nach St. Georgenberg berufen worden war, hielt in der Pfarrkirche zu Schwaz erfolgreiche Predigten, in denen er auch das Georgenberger heilige Blutwunder als Beweis für die Gegenwart Jesu Christi im heiligsten Altarssakrament anführte. Ja er soll sogar die hl. Blutmonstranz mit auf die Kanzel genommen und die Reliquie vorgezeigt haben.

In Zusammenarbeit mit Bischof und Landesregierung gelang es dem in seinen späteren Regierungsjahren recht tüchtigen Abte Christoph II. Obinger, das Kloster wieder auf einen besseren Stand zu bringen, die Ordenszucht im Hause wiederherzustellen, guten und zur Not genügenden Nachwuchs zu bekommen und die wirtschaftlichen Verhältnisse einigermaßen zu ordnen; auch die Wallfahrt scheint zunächst neuerdings zugenommen zu haben. Aber gerade bezüglich der Wallfahrt gab es sehr bald einen bedauerlichen Rückschlag. Und das kam so: Kardinal Melchior Khlesel, Bischof von Wien und erster Minister des Kaisers Matthias II., hatte sich, angeblich durch zu große Nachgiebigkeit gegen die Protestanten, hauptsächlich aber wohl durch seinen fast allvermögenden Einfluß auf den Herrscher, bei den Brüdern des Kaisers, den Erzherzogen Ferdinand (dem nachmaligen Kaiser) und Maximilian (dem „Deutschmeister") mißliebig gemacht; auf Veranlassung der beiden Erzherzoge wurde Khlesel am 26. Juli 1618 festgenommen und als Staatsgefangener zunächst auf das Schloß Amras bei Innsbruck gebracht; im folgenden Jahr wurde er nach St. Georgenberg überstellt, nachdem hier auf Anordnung der Regierung der größeren Sicherheit wegen noch bauliche Veränderungen durchgeführt waren. Hier wurde er streng bewacht, und die unter Hauptmann Pappus im Torhaus an der Hohen Brücke und im Kloster untergebrachten 23 Soldaten untersuchten jeden Wallfahrer, ob er nicht etwa Briefschaften für den gefangenen Kardinal mitbringe; diese peinlichen Untersuchungen waren den Wallfahrern begreiflicherweise lästig, und so blieben die Pilger aus. Der Aufenthalt des Kardinals in seinem klösterlichen Gefängnis dauerte vom Oktober 1619 bis November 1622. Bis die Regierung die 7000 Gulden bezahlte, die dem Kloster an Auslagen für die Beherbergung und Verpflegung des hohen Gefangenen, seiner Diener und der Wachmannschaft erwachsen waren, vergingen noch 18 Jahre.

Kaum hatte St. Georgenberg angefangen, von den schweren Wunden, die ihm die Glaubensspaltung geschlagen hatte, zu genesen, da legte es am 24. Juli 1637 zum drittenmal eine verheerende Feuersbrunst in Schutt und Asche; um 2 Uhr in der Früh hatte der Blitz eingeschlagen, und bereits nach fünf Stunden waren Kirche und Stiftsgebäude nur mehr eine traurige Brandstätte. Man weiß nichts Sicheres, ob die Mönche St. Georgenberg verlassen haben; entweder haben sie sich in den Ruinen notdürftig eingerichtet oder sie sind für kurze Zeit nach Penk gezogen. Abt Gregor Mayr schritt gleich an die provisorische Wiederherstellung, ließ durch die Zimmermeister Martin Pfund und Simon Zimmermann von Schwaz sofort neue Dachstühle errichten und die abgebrannten Baulichkeiten mit Brettern eindecken, wandte sich in Bittschriften um Baubeiträge an den Kaiser, an die Landesfürstin Erzherzogin Claudia, an die Bischöfe von Brixen und Trient, an den Erzbischof von Salzburg und an verschiedene andere Stellen, sandte Patres aus zur Sammlung in Tirol, Salzburg und Bayern, schaffte auch noch ein neues Geläute an, das durch zwei lothringische Glockengießer in St. Georgenberg selbst gegossen wurde, und hätte wohl den Wiederaufbau größtenteils zustande gebracht, wenn er nicht, wie es von ihm in einer alten Schrift treuherzig heißt, „wegen der außgestantnen Khummernussen und Schrikhen“ vorzeitig gestorben wäre.

Da die 7 Patres, die dem Georgenberger Konvent angehörten, mit der Wahl eines neuen Oberhauptes nicht zurechtkamen, erbat der Bischof auf Ersuchen der Wähler einen Pater aus dem bayrischen Nachbarkloster Tegernsee, mit dem die Georgenberger zwar schon seit Jahrhunderten immer wieder Auseinandersetzungen wegen der beiderseitigen Weidegrenzen im Achental hatten, mit dem sie aber doch sonst in guten Beziehungen standen. Der neue Abt, Benedikt III. Herschl, begann 1639 mit dem Neubau des Klosters. Zuerst ließ er in den ersten zwei Jahren den „Säbener Stock“, das jetzige Hauptgebäude, wiederaufrichten; die Schäden, die „das große Gewässer“ am 11. Juni 1641 an Wegen, Brücken und am Rinnwerk für die Säge angerichtet hatte, wurden noch im gleichen Jahre behoben und dazu eine neue Hammerschmiede gebaut. 1643 wurde aber auf einmal beschlossen, ein völlig neues Kloster erstehen zu lassen, und zwar an einer Stelle, wo man im Falle einer Katastrophe eher menschliche Hilfe erhalten könnte; man hatte dafür den dem Kloster gehörigen Hof „Eggen“ oberhalb Fiecht ausersehen, und 1644 erteilte der Bischof dazu die Erlaubnis; die Genehmigung der weltlichen Behörden ließ bedeutend länger, nämlich bis 1652, auf sich warten. Unterdessen waren auf St. Georgenberg bis 1645 der heute nicht mehr bestehende „Schlitterer Stock“ beim jetzigen Aufgang zur Kirche und bis 1648 der heute ebenfalls nicht mehr bestehende „Aiblinger Stock“ gegen das Stallental zu wiederhergestellt worden. Die Wiederherstellung dieser Baulichkeiten, die schon fast einem vollständigen Neubau gleichkam, hatte Baumeister Paul Jennewein aus Hall durchgeführt. Der Säbener Stock diente als Wohngebäude für die Patres und Brüder, der Schlitterer Stock enthielt die Abteiwohnung, der Aiblinger Stock war für das Dienstpersonal und zur Aufnahme der Pilger bestimmt. Mittlerweile war es dem Abte nebenher noch gelungen, eine von seinen Vorgängern her überkommene Schuldenlast von über 12.000 Gulden abzutragen. 1654—1660 ließ er durch Maurermeister Georg Sandbichler von Schwaz die Kirche und den Turm neu erstehen, und auch das Marienkirchlein wurde nicht vergessen.

1651 war Abt Benedikt noch einmal auf den Gedanken einer Verlegung des Klosters auf die „Eggen“ zurückgekommen, für die sich der Innsbrucker Hofbaumeister Christoph Gumpp schon 1641 ausgesprochen hatte. 1651 nahm der Abt mit dem Hofbaumeister den Bauplatz auf der Eggen in Augenschein, legte dem Bischof einen genauen Bauplan vor und erhielt abermals die Erlaubnis für den beabsichtigten Neubau. Der Bischof verlangte allerdings, daß auf jeden Fall, auch wenn der Bau auf der neuen Stelle zustande käme, in St. Georgenberg selbst nicht nur an den Patroziniumsfesten

Gottesdienst gehalten werde, sondern das ganze Jahr hindurch wenigstens zweimal in der Woche die hl. Messe gefeiert werden müsse. Gegen Abt Benedikts Plan erhoben sich verschiedene Widerstände; die Vomper wollten von einem Neubau auf der Eggen nichts wissen, wie sich die Staner gegen die Errichtung des Klosters auf der „Burg", die auch in Erwägung gezogen wurde, wehrten. Was eigentlich der letzte Grund war, warum der Abt schließlich von seinem Vorhaben abstand, ist nicht bekannt. Ohne Zweifel wollte die Vorsehung den ehrwürdigen St. Georgenberg, der seit Jahrhunderten das Ziel ungezählter frommer Wallfahrer gewesen war, nicht für immer veröden lassen.

Abt Benedikt Herschl ist auch der Erbauer der „Wenger Kapelle", die er 1644 am „Sladurn" außerhalb des Hofes Weng errichten ließ, wo die Waldungen des Klosters und der Gemeinden Vomp und Stans aneinandergrenzen; er war es auch, der am Bach unterhalb des Georgenberger Felsens das erste Sägewerk eingerichtet hat; ebendort ließ er einen neuen Ziegelofen und einen Kalkofen errichten. Große Sorge wandte er der Ausstattung der Kirche mit schönen Paramenten, Leuchtern, Kelchen usw. zu; ein Kelch und ein Paar silberne Meßkännchen aus seiner Zeit sind noch erhalten. 1652 ließ Abt Herschl bei Michael Wagner in Innsbruck ein Buch drucken mit einer Aufzählung und Beschreibung des Georgenberger Reliquienschatzes; die zahlreichen Abbildungen nach Stichen von Johann Baptist Yezl, Kupferstecher in Schwaz (später in Innsbruck), zeigen die verschiedenartigen Reliquienbehälter, deren viele der Abt neu hatte anfertigen lassen. 1657 ließ er vom gleichen J. B. Yezl das Bild Unserer Lieben Frau unter der Linde nach einer Zeichnung des Johann Friedrich Dünger aus Amsterdam in Kupfer stechen und mehrere tausend Stück drucken.

Die Wallfahrten nach St. Georgenberg nahmen wieder zu, und in dieser Zeit kam es öfter vor, daß Leute, die selber die Wallfahrt nicht machen konnten, einen Vertreter schickten, der für sie an heiliger Stätte die Andacht verrichten mußte.

Unter Abt Nikolaus II. Kraus von Krausegg wurde am 18. Juli 1660 die Kirche des hl. Georg neu geweiht. Für die Vervollständigung der Kirchen- und Sakristeiausstattung wandte er großen Eifer auf. Er ließ 1667 größtenteils aus seinem väterlichen Vermögen das Kirchlein „Maria Tax" — damals „Maria Stein" genannt — im Walde zwischen St. Georgenberg und Stans erbauen, verbunden mit einer Einsiedlerwohnung. Er hätte gern seinen Lebensabend als Einsiedler bei Maria Tax verbracht, erhielt dazu aber weder von seinem Konvent noch vom Bischof die Erlaubnis.

Abt Gotthard II. Ziegler machte sich um die Wallfahrt vor allem dadurch verdient, daß er die Verehrung der hl. Blutreliquie, die man lange Zeit arg vernachlässigt hatte, wieder zur Blüte brachte. Sein friedliebender Charakter, seine Klugheit und Mäßigung und sein gütiges Wesen waren mit eine Ursache für das erfreuliche Anwachsen der Zahl der Klostermitglieder, ein Umstand, der natürlich auch wiederum der Wallfahrt zugute kam. Unter den zahlreichen Pilgern des Jahres 1677, so wird berichtet, waren besonders viele aus türkischer Gefangenschaft Befreite. Abt Gotthard II., so wird erzählt, sei ein besonders inniger Verehrer der allerseligsten Jungfrau Maria gewesen; er starb denn auch am Vorabend von Mariä Verkündigung des Jahres 1685, als eben im Chor die erste Vesper des genannten Festes gesungen wurde.

Die Schäden des Brandes von 1637 waren glücklich behoben; da bedrohte ein furchtbares Naturereignis die altehrwürdige Gnadenstätte mit dem völligen Untergang. Am 3. Februar 1689 um 8 Uhr abend löste sich, nachdem es lange geschneit hatte und dann Regenwetter eingetreten war, auf der Höhe des Staner Joches der Schnee los und fuhr als gewaltige Lawine zu Tal, und zwar in der ganzen Breite des Joches zwischen St. Georgenberg und Tratzberg. Baumstämme, 300.000 sollen es gewesen sein, massive Felstrümmer, Steine und ungeheure Schneemassen bedeckten die Felder von Stans bis Tratzberg und füllten die Georgenberger Schlucht so aus, daß man, auf dem gewöhnlichen Weg von Fiecht her kommend, nicht aufwärts, sondern abwärts gehen mußte, um durch das Torhaus zur Hohen Brücke zu gelangen. In den tief überschütteten Staner Feldern blieb nur ein 6 m hohes Feldkreuz ringsum frei. Das Torhaus und die Brücke entgingen zwar der Zerstörung, wurden aber beschädigt. Hingegen fielen die Höfe Roßweid, Heuberg und Durach der Lawine zum Opfer, ebenso die Säge am Bach, Ziegelofen und Ziegelstadel, Kalkofen und Schmiede. Der durch die Lawine verursachte Sturmwind fügte dem Wald vom Bach gegen den Bauhof hinauf schwersten Schaden zu, die Bäume wurden zum Teil entwurzelt, zum Teil mitten entzweigerissen. Vom Kirchlein Maria Tax blieb nur der vordere Teil mit dem Altar und dem darauf befindlichen Gnadenbild und der über dem Altar gelegene Teil des Daches mit dem Türmchen und den zwei Glöcklein verschont, das übrige riß die Lawine fort und trug es ins Dorf Stans hinunter. Auf den drei Berghöfen fanden 24 Menschen den Tod und über 50 Stück Vieh gingen zugrunde. Auch in Stans waren Menschenleben zu beklagen und es gab auch Verluste an Vieh. Doch erfuhr gerade in Stans die 14jährige Tochter eines Bergknappen die wunderbare Hilfe der Mutter Gottes: Luzia Payerl wurde mit ihrem Dienstgeber, dem Zimmermann Jenewein Auer, in den Schneemassen, die das Haus eingedrückt hatten, begraben; die beiden konnten miteinander reden, hörten auch über der Lawine sprechen, es gelang ihnen aber nicht, sich nach außen bemerkbar zu machen. Als am 7. Februar eine Erderschütterung Schnee und Bäume niederdrückte, fand der Mann den Tod; das Mädchen aber wurde am folgenden Tage, wenn auch mit Wunden bedeckt, noch lebend aus dem grausigen Schneegrabe befreit und schrieb die Rettung dem Schutze der Schmerzhaften Mutter von St. Georgenberg zu, der sie sich beim Einsturze des Hauses empfohlen hatte; sie habe, so erzählte sie selbst vor dem Schwazer Bergrichter Jeremias Ramblmayr d. Ä., über sich einen schönen blauen Mantel erblickt, an dem sie sich festgehalten habe.

Am 4. Februar 1689 ging dann um 9 Uhr vormittag von der Hauswand oberhalb des Schlosses Tratzberg eine große Lawine nieder; das Schloß hielt zwar stand, aber die Dachungen wurden verschoben und überworfen und auch das Mauerwerk erlitt nicht unbedeutenden Schaden. Abt Alfons I. Schabl berichtete sofort an die Regierung über die Lawine und das Ausmaß der Schäden. Auch ließ er in den Kirchen von Stans, Vomp und Terfens von der Kanzel aus die Leute bitten, zur Herstellung eines Gehsteiges über die Lawine behilflich zu sein; 80 Männer aus den genannten Gemeinden arbeiteten dann zwei Tage daran, ehe die Wallfahrer wieder zur Gnadenmutter pilgern konnten. Es wurde Pfingsten, bis man zum Kloster auf dem Berg wieder reiten und fahren konnte.

War man im Kloster schon durch die große Lawine, die am 5. April 1668 zwischen 9 und 10 Uhr in der Nacht vom Stanerjoch abgegangen und durch den „Kreidenwald“ niedergefahren war und dabei die stärksten Bäume mitsamt den Wurzeln und viel Geröll in den Bach hinabgerissen hatte, in argen Schrecken versetzt worden, so wurde die Angst jetzt um so größer, als der ganze Berg nun vollständig des schützenden Waldbestandes beraubt war und man mit Recht für die folgenden Jahre weitere Lawinen befürchten mußte. So ist es nicht zu verwundern, daß man wieder auf den Gedanken zurückgriff, das Kloster zu verlegen; diesmal dachte man zunächst an Vomp, aber auch Schwaz und Volders kamen in Betracht. Der Bischof von Brixen, den der Abt um die Zustimmung bat, verlangte jedoch die Einholung der kaiserlichen Genehmigung. Abt Alfons reiste noch im gleichen Jahr (1689) nach Augsburg, wo sich Kaiser Leopold I. damals aufhielt; aber der Kaiser scheint die Bitte des Abtes abgelehnt zu haben; denn 1690 wurde Abt Alfons noch einmal in Brixen vorstellig und suchte die Überlassung der Pfarrei Vomp zu erreichen, wo schon in früherer Zeit beim Widum Zellen bestanden hatten, die dann allerdings beim schweren Erdbeben am 17. Juli 1670 schwer beschädigt und infolgedessen abgetragen worden waren. Erst 15 Jahre nach diesen vergeblichen Versuchen trat ein Ereignis ein, das den schon seit längerer Zeit gehegten Plan einer Verlegung des Klosters wirklich zur Ausführung kommen ließ.

Vierter Brand von St. Georgenberg
Klosterbau in Fiecht

Mitte Oktober 1705 war am Stupbach im Vomperloch durch die Sorglosigkeit von Hirten ein Waldbrand entstanden. Am Vorabend von Allerheiligen kam ein gewaltiger Sturmwind auf, das Feuer griff rasch um sich, erfaßte die Waldungen des Stallentales, näherte sich mit rasender Schnelligkeit dem Kloster, erreichte es gegen Abend zwischen 4 und 5 Uhr und zerstörte die beiden Kirchen, das Kloster, die Hohe Brücke mit dem Torhaus, Säge, Schmiede, Mühle, Kalk- und Ziegelofen und alle Nebengebäude. Wohl hatte der Stiftsjäger, der um die Mittagszeit eine erlegte Gemse ins Kloster brachte, vom Herannahen des Feuers Meldung gemacht; aber die in damaliger Zeit für einen Brand so großen Ausmaßes vor allem beim herrschenden Sturmwind völlig unzureichenden Vorkehrungen ließen an kein Löschen denken und so rettete man in aller Eile die wertvollste Habe, insbesondere das Gnadenbild, die Reliquien, die kostbarsten Kirchensachen, den Großteil der Bibliothek und die Archivbestände. Am Morgen des Allerheiligenfestes verließen Abt Cölestin Böhm und seine Klosterfamilie traurig die Brandruine; der Abt nahm mit einigen Mitbrüdern zunächst Wohnung im Pfannerschen Haus zu Schwaz, das seit 1647 dem Kloster gehörte, die Novizen wurden vorübergehend von den Franziskanern in Schwaz aufgenommen, die übrigen fanden auf Pfarreien oder in benachbarten Klöstern ein vorläufiges Heim. Das Gnadenbild, das Hl. Blut und die anderen Reliquien kamen in das kleine Kirchlein in Fiecht, das Abt Alfons I. im Jahre 1687 neben dem im gleichen Jahre gekauften Präbstgut hatte erbauen lassen und das am 7. Oktober 1688 zu Ehren des hl. Benedikt und der hl. Scholastika geweiht worden war.

Die Frage, ob man das Kloster noch einmal an der alten Stelle oder anderswo ein neues erbauen soll, wurde nach reiflicher Überlegung dahin entschieden, die neue Abtei weder in Schwaz noch in Stans, auch nicht auf der Eggen und nicht in Vomp, sondern in Fiecht gegenüber Schwaz zu errichten; dort hatten die Georgenberger Benediktiner bereits Besitzungen, das angrenzende Truckenbachergut wurde dazugekauft und so konnte man auf eigenem Grund und Boden bauen. Mit Genehmigung der geistlichen und weltlichen Behörden wurden zwei Patres und zwei Brüder auf Sammlung geschickt, der Abt nahm große Darlehen auf und Kaiser Josef I. selbst versprach den namhaften Baubeitrag von 12.000 Gulden unter der Bedingung, daß die neue Abteikirche dem hl. Josef geweiht werde; auch verschiedene andere Wohltäter gaben reiche Spenden und Abt Cölestin legte mutig Hand ans Werk. Am 17. April 1706 wurde mit den eigentlichen Bauarbeiten begonnen, am 24. August 1707 legte der kaiserliche Gouverneur Karl Philipp, Pfalzgraf bei Rhein, feierlich den Grundstein und schon 1708 war der Bau so weit fortgeschritten, daß die Konventualen zusammenberufen werden konnten, um im neuen Kloster das gemeinsame Leben wieder aufzunehmen; freilich mußte der Gottesdienst vorerst noch in einem großen dazu eingerichteten Saal gefeiert werden.

Auf St. Georgenberg ließ der Abt die beiden Kirchen und den noch am besten erhaltenen Teil des abgebrannten Klosters mit Brettern abdecken und die Hohe Brücke durch den Schwazer Zimmermeister Michael Lentner neu erbauen.

Es ist selbstverständlich, daß ein so großes Unternehmen, wie es der völlige Neubau eines Klosters ist, dem Abte schwere Sorgen brachte; diese mögen auch der Hauptgrund gewesen sein für das, was sich zum großen Leidwesen der Klostermitglieder, bei denen Abt Cölestin sehr beliebt war, zutrug. Am 8. November 1709 verließ der Abt unter dem Vorwand, er müsse verreisen, um

Die Hohe Brücke

eine große Stiftung für den Neubau entgegenzunehmen, das Kloster und blieb seitdem verschollen; alle Nachforschungen waren vergeblich. Erst 1731 erfuhr man im Kloster, was geschehen war: Cölestin Böhm hatte den Priester- und Ordensstand verlassen, sich — natürlich widerrechtlich und ungültig — verehelicht und hatte 20 Jahre als angesehener Mann in Bamberg gelebt. 1730 aber hatte er sich reumütig dem Bischof von Brixen gestellt und war schließlich am 14. Dezember 1731 zu Anras im Pustertal nach einem bußfertigen Lebensabend, ausgesöhnt mit der Kirche, eines erbaulichen Todes gestorben.

Sein Nachfolger Abt Gotthard III. Grustner baute das Kloster in Fiecht weiter aus und ließ beim dortigen St. Benedikt-Kirchlein einen kleinen Friedhof anlegen. Auf St. Georgenberg ließ er die Kirche des hl. Georg mit Schindeln decken. Am 24. Juni 1721 wurde das Kirchlein Maria Tax durch den Brixner Bischof Kaspar Ignaz Graf Künigl feierlich geweiht. Am folgenden Tag legte Abt Gotthard die Regierung nieder; er soll dann eine Zeitlang als Einsiedler in Maria Tax gelebt haben.

Abt Maurus Schaffer sorgte, da bei vielen Marienverehrern geistlichen und weltlichen Standes die Sehnsucht nach einem Wiedererstehen des alten Gnadenortes erwachte, für eine gründliche Instandsetzung des Kirchleins Unserer Lieben Frau unter der Linde; vorgearbeitet hatte in dieser Beziehung schon der Staner Müllermeister Simon Gruber, ein besonders inniger Verehrer der Schmerzhaften, der sich in den Ruinen auf St. Georgenberg eine Wohnung eingerichtet hatte. Am 2. Juli 1725 wurde das Gnadenbild der schmerzhaften Mutter in feierlicher Weise von Fiecht in ihr altes Heiligtum auf dem Georgenberg übertragen. Auch wurde ein kleiner Teil des alten Klosters zur Wohnung für einige Patres, die die Wallfahrtsseelsorge versehen sollten, und zur Aufnahme von Pilgern eingerichtet. Als erster Wallfahrtspriester wurde am 6. Oktober 1725 P. Placidus Eyperger, ein gebürtiger Schwazer, eingesetzt. Auch Abt Maurus war wie sein Vorgänger bald des Regierens müde und legte sein Amt nieder.

Bald erwies sich bei dem großen Andrang von Wallfahrern das alte Marienkirchlein als viel zu klein. Das Verdienst, die Kirche des hl. Georg wieder instand gesetzt zu haben, gebührt dem überaus tüchtigen Abt Lambert Höllerer. Er gewann für sein Vorhaben bedeutende Wohltäter und am 12. April 1733 wurde mit den Restaurierungsarbeiten angefangen. Matthias Magginger, Bierbrauer in Jenbach, ließ auf eigene Kosten die Maurerarbeiten und die Stukkaturen ausführen. Der

Schwazer Handelsmann Josef Lergetborer kam für die Fenster auf; sein Sohn Johann, der 3 Jahre später ins Kloster Fiecht eintrat, als Spätberuf noch das Studium aufnahm, 1740 als P. Franz Maria zum Priester geweiht wurde und 1776 starb, widmete den Altar des hl. Johannes des Täufers. Johann Wimber, Bergwerkskassier in Schwaz, ließ durch den Schwazer Bildhauer Johann Michael Fischler den Hochaltar und die Kanzel machen. Den Altar des hl. Benedikt stiftete Witwe Anna Kreuzweger von Schwaz, den Altar des hl. Johannes Nepomuk aber Herr Baron von Sternbach; der Altar der hl. Maria Magdalena ist eine Widmung des Schwazer Schiffmeisters und Gastwirtes Georg Pacher. Witwe Elisabeth Gräfin von Tannenberg geb. von Rissenfels ließ die Kirche ausmalen und durch den Schwazer Maler Johann Georg Hettinger mit Fresken schmücken; dabei leistete sich allerdings der Maler in den Muskelpartien seiner Gestalten die stärksten Übertreibungen. Die Kosten für die Bilder in den seitlichen Nischen bestritt zum Teil Johann Pichler. Obwohl die Ausstattung der Kirche noch nicht fertig war, wurde 1734 zum erstenmal wieder das Fest des hl. Georg feierlich begangen und die Nachbargemeinden Schwaz, Vomp, Terfens, Stans und St. Margarethen machten an diesem Patroziniumsfeste wieder zum erstenmal ihren Kreuzgang auf den heiligen Berg. Die feierliche Weihe der Kirche erfolgte am 3. Juni 1735. Am 11. November 1736 wurde das Gnadenbild der Schmerzhaften mit großer Feierlichkeit vom Lindenkirchlein in die St. Georgskirche übertragen und über dem Tabernakel des Hochaltares aufgestellt; damit wurde an Stelle der kleinen Kirche „Unserer Lieben Frau unter der Linde“ die größere ehemalige Abteikirche zur Marienwallfahrtskirche; das Marienkirchlein aber wurde zum „Dreifaltigkeitskirchlein“, als im Jahre 1755 dortselbst ein Bild der allerheiligsten Dreifaltigkeit, und zwar eine Nachbildung des Gnadenbildes der n. ö. Wallfahrt Sonntagberg aufgestellt wurde; Witwe Elisabeth Gräfin von Tannenberg hatte die Kopie anfertigen lassen und zum Geschenke gemacht. Am 31. Mai 1741 bestätigte Papst Benedikt XIV. die Bruderschaft der schmerzhaften Mutter Gottes und verlieh deren Mitgliedern mehrere Ablässe. 1760 wurde auf St. Georgenberg die Feier der 3 „Goldenen Samstage“ eingeführt.

Abt Lambert Höllerer ist auch der Erbauer der herrlichen Stiftskirche von Fiecht. Am 11. Juli 1741 wurde der Bauplatz ausgesteckt, am 28. September 1742 war die Firstfeier, in der Hl. Nacht 1744 der erste feierliche Gottesdienst; die Einweihung der Kirche nahm Bischof Leopold Graf Spaur von Brixen am 5. August 1750 vor; freilich dauerte es dann noch gut zwei Jahrzehnte, bis die Ausstattung der Kirche vollendet war. Die letzten Arbeiten an der Inneneinrichtung und der Bau des Turmes fallen bereits in die Regierungszeit des Abtes Pirmin I. Seidl; das Turmkreuz wurde am 3. November 1781 aufgesteckt.

Abt Pirmin I. ließ durch den bekannten Zillertaler Bildhauer Franz Xaver Nißl für den Hochaltar der Georgenberger Kirche den jetzigen Tabernakel schnitzen, ebenso die Statuen des hl. Apostels Jakobus d. Ä. und des sel. Rathold zu Füßen des Gnadenbildes und die Engelfiguren auf dem von den Säulen getragenen Gebälk und über dem Gnadenbild; gleichzeitig setzte man an die Stelle des Stoffbaldachins, der früher den Gnadenthron bedeckt hatte, die geschnitzten Bogen, die jetzt den Altar wie eine Krone nach oben abschließen.

Dieser Abt bekam auch die berüchtigte Kirchenpolitik des Kaisers Josef II. unangenehm zu fühlen; Schätzung des Klostervermögens, Sperre der Aufnahme neuer Klostermitglieder, Einziehung des Kirchensilbers und verschiedene andere schikanöse Anordnungen ließen die Aufhebung des Klosters befürchten. Manche Verfügungen waren geradezu kleinlich; so mußten z. B. im Juni 1785 die Gewänder des Georgenberger Gnadenbildes abgeliefert werden; 1786 bekam der Abt einen Verweis von der Regierung, weil er Leute in die Bruderschaft eingeschrieben hatte.

Nach Abt Pirmins Tod am 12. Jänner 1789 durfte keine Abtwahl vorgenommen werden; sie wurde erst im September 1790 gestattet und fiel auf Alfons II. Pacher. Im Kriegsjahr 1797 mußte das Kloster in Fiecht als Lazarett für 200 Soldaten zur Verfügung gestellt werden; am 26. März übersiedelte der Konvent nach St. Georgenberg, die Klosterschüler wurden heimgeschickt, zwei Patres konnten aber im Gasthaus in Fiecht bleiben; bis zum 18. September des gleichen Jahres waren aber schon alle wieder nach Fiecht zurückgekehrt.

Als Abt Alfons II. am 25. April 1806 die Augen für diese Welt geschlossen hatte, wählte das Kapitel der unsicheren Zeiten wegen keinen Abt, sondern nur einen Administrator in der Person des P. Thomas Zacherl. Am 16. September 1807 wurde das Kloster von der bayrischen Regierung aufgehoben; die Klostermitglieder kamen in die Seelsorge oder fanden im Schuldienst Verwendung, drei durften in Fiecht bleiben, zwei auf St. Georgenberg; jeder durfte nicht nur seine Kleider und Wäsche behalten, sondern auch eine Zimmereinrichtung und etwas Geschirr; wer keinen Posten mehr bekleiden konnte, erhielt eine Pension. Im Kloster aber schaltete die Regierung und nach deren Anweisung der von ihr eingesetzte Administrationskommissär, Landrichter Buchonowski von Schwaz und der im Stift wohnende weltliche Verwalter Josef Kraft so recht nach Gutdünken, verschenkten, verkauften und versteigerten nicht nur Kirchenparamente und Silbergeräte, Wäsche und Möbel, Kunstgegenstände und Bücher, Kirchenglocken und Musikinstrumente, sondern auch ganze Liegenschaften. Anderes fiel der Plünderung zum Opfer, manches wurde von durchziehenden oder zeitweilig im Stift einquartierten bayrischen Soldaten mutwillig vernichtet, und als nach dem unseligen Brand von Schwaz am 15. Mai 1809 viele Obdachlose im Kloster untergebracht waren, wurde es um Zahl und Zustand der noch vorhandenen Einrichtungsgegenstände und um die Baulichkeiten selbst auch nicht besser.

Als P. Thomas Zacherl nach der Rückstellung des Klosters an die rechtmäßigen Besitzer am 1. August 1816 zur geistlichen auch wieder die weltliche Verwaltung übernehmen mußte, hatte er kein leichtes Anfangen. Er fand ein völlig ausgeplündertes Haus, an dem überdies durch fast 10 Jahre alle Instandhaltungsarbeiten unterlassen worden waren; vom Keller bis zum Dachboden war alles, was nicht niet- und nagelfest war, verschleppt oder ruiniert worden, kein Fenster war mehr ganz, ja von einem Flügel des Gebäudes waren die Fenster und die eisernen Fenstergitter verkauft worden; ein wenig Küchengeschirr und ein paar schlechte Möbel waren das einzige, was sich noch vorfand. Auch für die verpachteten Höfe hatten die weltlichen Administratoren wenig oder gar keine Obsorge getragen. Die Mitglieder des Konventes waren in alle Himmelsrichtungen verstreut, manchen war es schwer, sich von ihren Posten zu lösen und ins Kloster zurückzukehren, und der Umstand, daß Zacherl zunächst noch nicht mit der äbtlichen Würde und Autorität bekleidet war, dürfte ihm seine Tätigkeit eher erschwert haben. Aber auch nach seiner Wahl zum Abt wurden die Sorgen nicht kleiner.

St. Georgenberg kam noch dreimal in Gefahr, vom Feuer vernichtet zu werden. 1802 bedrohte ein Waldbrand, der beim Steinbruch in der Nähe der Höfe Heuberg und Roßweid wütete, auch Kirche und Kloster von St. Georgenberg; zum Glück wurde man jedoch bald des Feuers Herr. Am 5. April 1819 brach um die Mittagszeit im Torhaus an der Hohen Brücke Feuer aus, das nicht nur die Brücke erfaßte, sondern auch auf den angrenzenden Wald übergriff; daß die Brücke nur zum Teil von den Flammen verzehrt wurde, ist der mutigen Tat eines beherzten Mannes zu verdanken. Acht Tage später fachte um 5 Uhr abend ein heftiger Wind das im Waldboden noch fortglimmende Feuer von neuem an, ein wahrer Feuerregen ging auf Kirche und Kloster nieder und man machte sich bereits daran, das Gnadenbild und andere Kostbarkeiten in Sicherheit zu bringen; als aber um Mitternacht ein Pater das Allerheiligste aus der Kirche trug und voll tiefen Glaubens segnend dem feindlichen Element entgegenhielt, legte sich plötzlich der Wind und in kurzer Zeit gelang es, auch den Waldbrand zu löschen.

In den vielgestaltigen Schwierigkeiten, die Abt Thomas Zacherl zu bewältigen hatte, standen ihm seit 1825 der Stamser Zisterzienser P. Florian Grün und der Schwazer Kreishauptmann Mensi als treue, selbstlose Berater und Helfer zur Seite; der Erstgenannte führte dann, nachdem der Abt am 9. April 1829, dem Vorabend des Schmerzenfreitags, auf St. Georgenberg einem Schlaganfall erlegen war, die Verwaltung weiter bis zur Wahl des Abtes Pirmin II. Pockstaller. Am 23. April 1831, es war Vorabend des Georgifestes, das damals am 24. April gefeiert wurde, trug sich auf St. Georgenberg eine Begebenheit zu, die viele im Vertrauen auf die Gottesmutter bestärkte. Sophie Raggl aus Vendels im Oberinntal, Dienstmagd beim Torhauspächter, stieg am Spätnachmittag in die Felswände oberhalb der Hohen Brücke, um Blumen zu pflücken, die sie in ihrem frommen Sinn als Festschmuck vor dem Gnadenbild aufstellen wollte; dabei verlor sie den Halt und stürzte vor den Augen mehrerer Wallfahrer, die ihr von der Brücke aus zugeschaut hatten, ungefähr 50 Meter tief in die Schlucht ab; man hielt sie für verloren, sie hatte sich jedoch nicht einmal verletzt; erst als sie auf ihren Dienstgeber traf, der erschreckt in die Tiefe geeilt war, fiel sie in Ohnmacht, aus der sie sich aber rasch erholte. Mit innigem Dank für den mütterlichen Schutz Mariens brachte sie die Blumen zum Gnadenbild. In den Jahren 1842—1845 wurden auf St. Georgenberg die Ruinen vom großen Brand des Jahres 1705 vollständig niedergelegt, der Säbener Stock wurde durch einen Anbau vergrößert und das jetzige Pilgerhaus, ein Teil des ehemaligen Aiblinger Stockes, zur Aufnahme einer größeren Anzahl von Wallfahrern hergerichtet. 1843 wurde auf den am meisten begangenen Wallfahrtswegen von Fiecht und von Tratzberg nach St. Georgenberg der Kreuzweg errichtet. Nach der im vorigen Jahrhundert herrschenden Meinung war die Gründung von St. Georgenberg um das Jahr 845 erfolgt; so veranstaltete man, nach dem jetzigen Stand der geschichtlichen Forschungen allerdings um 100 Jahre zu früh, vom 20. bis 29. Juli 1845 eine glanzvolle Jahrtausendfeier. Eingeleitet wurde sie durch eine Prozession mit dem Allerheiligsten von Fiecht nach St. Georgenberg; die Schützenkompanien und Musikkapellen von Vomp, Fiecht, Stans und Terfens begleiteten das Höchste Gut. Im Laufe der zehn Tage fanden sich ungefähr 60.000 Pilger auf dem heiligen Berg ein, 222 hl. Messen wurden gefeiert, 25.000 hl. Kommunionen ausgeteilt und 19 Predigten gehalten; 17 Gemeinden kamen in diesen Tagen, die an die Glanzzeit der Georgenberger Wallfahrt erinnerten, mit dem Kreuz, und zwar Aibling, Vomp, Schwaz, Terfens, Stans, Volders, Wattens, Pill, St. Margarethen, Jenbach, Münster, Wiesing, Eben, Achental, Brandenberg, Breitenbach und Voldöpp. Unter den Wohltätern, die aus diesem Anlaß die Kirche mit wertvollen Paramenten ausstatteten und Thronbekleidung, Gewänder und eine sehr kostbare Krone für das Gnadenbild besorgten, taten sich Fräulein Franziska Fritz, Kaufmann Wisiol und Frau von Ortlieb aus Innsbruck, Frau Aloisia Margreitter aus Hall und Fräulein Therese von Pfretschner aus Jenbach hervor.

1863 malte Franz Lair zwei große Fresken und vier kleinere Bilder an das Gewölbe der St. Georgskirche und 1866 erhielt diese den jetzigen Turm. Kaiserin Karolina Augusta hatte als Kostenbeitrag für die Fresken 500 Gulden geschenkt, kleinere Spenden anderer waren hinzugekommen.

Brand von Fiecht — Zweimal Krieg

Das Unglück, von dem das alte Kloster auf dem Berg viermal heimgesucht worden war, brach auch über das neue Kloster in Fiecht herein. Am Herz-Jesu-Sonntag, den 21. Juni 1868, brach um die Mittagszeit ein Kaminbrand aus, der auf das durch eine längere Hitzeperiode ausgedörrte Schindeldach übergriff und in 3 bis 4 Stunden das Stift in Schutt und Asche legte. Erhalten blieben nur ein Teil des Inneren der Kirche und die gewölbten Räume der Bibliothek und des Archivs; die Ökonomiegebäude konnten gerettet werden. Als der Abt am Morgen des 23. Juni von Wien, wo er sich seit 19. April als Mitglied des Reichsrates hatte aufhalten müssen, nach Fiecht zurückkam, fand er das Kloster als rauchenden Trümmerhaufen vor; der erste und zweite Stock waren ganz ausgebrannt, fast nichts hatte dem Feuer entrissen werden können; die Kunstsammlungen waren völlig vernichtet; viel wertvolle Einrichtung von Kirche und Kloster war zugrundegegangen, darunter leider auch die von Franz Xaver Nißl geschnitzten Darstellungen des Leidens Christi im Betchor und das aus dem aufgehobenen Augustinerinnenkloster St. Martin in Schwaz stammende Chorgestühl.

Die meisten Klostermitglieder begaben sich zunächst nach St. Georgenberg, einige kamen auf Pfarreien unter. Ende September übersiedelte der Großteil des Konventes in das Schloß Thurnegg in Rotholz bei Jenbach, das der Brixner Bischof als Eigentümer zur Benützung überließ; dort wurde auch die Klosterschule, die 1756—1807 und dann neuerdings seit 1843 in Fiecht bestanden hatte, wieder eröffnet. Die nötigen Gelder für die Wiederherstellung, mit der man sogleich begann, wurden zum Teil durch Sammlungen und Spenden, zum Teil durch Verkäufe von Stiftsbesitz aufgebracht; die pünktliche Aus-

Stift Fiecht

zahlung der Feuerversicherungssumme half über die ersten Schwierigkeiten hinweg. Bis zum Herbst 1870 waren die Arbeiten unter der Bauleitung von Ing. Haas aus Innsbruck so weit gediehen, daß am Nachmittag des 9. Oktober das Allerheiligste in Prozession vom Kirchlein des hl. Benedikt in die Stiftskirche übertragen und Kirche und Kloster wieder in Besitz genommen werden konnte.

Der rastlos tätige Abt Pirmin II. starb, bevor die Brandschäden ganz behoben waren. Sein Nachfolger Albert I. Wildauer hatte in dieser Hinsicht noch manches zu tun, vergaß aber auch St. Georgenberg nicht. 1877 erhielt das Dreifaltigkeitskirchlein einen neugotischen Flügelaltar mit einer von Ferdinand Stuflesser geschnitzten Darstellung der allerheiligsten Dreifaltigkeit im Altarschrein; die Bilder auf den Altarflügeln, St. Barbara und St. Nothburg, malte der Fiechter Benediktiner P. Josef Öfner. 1881/82 wurde das Dreifaltigkeitskirchlein mit Fresken von Josef Plank und Bildern von Franz Pernlochner, darunter dem ergreifend schönen Gemälde

Christus an der Geißelsäule, ausgestattet. Das Bild der allerheiligsten Dreifaltigkeit mit dem schön geschnitzten vergoldeten Rokokorahmen kam in die Kirche des hl. Georg. Der Turm und das Presbyterium des Dreifaltigkeitskirchleins waren schon 1878 einer eingehenden Erneuerung unterzogen worden. 1897 erhielten St. Georgenberg und Fiecht je ein eigenes kleines Elektrizitätswerk. Eine große und kostspielige Arbeit war 1907 die Hebung und Sicherung des Langhausgewölbes der Fiechter Stiftskirche, das Risse aufwies und sich gesenkt hatte; wahrscheinlich hatte es schon durch den Einsturz des Dachstuhles beim Brand 1868 Schaden gelitten, durch ein Erdbeben am 24. Februar 1905 war das Übel noch schlimmer geworden. Unter der Leitung von Oberingenieur Ridiger aus Innsbruck wurde der Schaden behoben.

Ein besonderes Verdienst um Tirols Wirtschaft erwarb sich Abt Albert I. durch die Erschließung des Achensees für den Fremdenverkehr, den er auf eine für die damalige Zeit sehr beachtliche Höhe brachte vor allem durch den Bau der Dampfschiffe und des großen Motorschiffes; man kann ihn mit Recht einen der bedeutendsten Pioniere des Tiroler Fremdenverkehrs nennen.

Der Zustrom an Ordensnachwuchs war um die Jahrhundertwende so stark, daß die lange Zeit einklassig geführte Klosterschule zu einer dreiklassigen Bürgerschule ausgebaut und das mit der Schule verbundene Erziehungsinstitut erweitert werden konnte.

Der erste Weltkrieg bereitete der blühenden und über die Grenzen des Landes hinaus angesehenen Schule ein Ende, als unter Abt Josef Hagmann die Räumlichkeiten von Schule und Institut im August 1915 dem Militär zur Einrichtung eines Rekonvaleszentenheimes überlassen werden mußten. Wohl wurden Schule und Schülerheim gleich nach Kriegsende wieder eröffnet; zur Blüte kamen sie aber erst wieder in den Dreißigerjahren, als die Hauptschule eingerichtet wurde. Mit ruhiger und fester Hand führte Abt Josef das Kloster durch die Schwierigkeiten der Kriegs- und ersten Nachkriegsjahre; sehr viele Kriegsinvaliden, -witwen und -waisen haben seine Mildtätigkeit erfahren, vor allem in der Notzeit der Inflation. Die damaligen Zeitverhältnisse brachten es auch mit sich, daß 1919 der Achensee mit den Hotels Fürstenhaus und Seehof verkauft wurde.

Unter Abt Johannes IV. Lampert erhielt in den Jahren 1934 und 1936 das Dreifaltigkeitskirchlein ein neues Dach aus Lärchenschindeln. Im Mai 1935 wurde das Georgenberger Gnadenbild auf Anregung des Landesdenkmalamtes von Tirol durch den akad. Maler Walter Kuen in Innsbruck restauriert; die Überarbeitungen aus der Zeit Kaiser Josefs II. und aus dem Jahre 1835, die eine vom älteren, die andere vom jüngeren Nißl durchgeführt, wurden entfernt und eine alte Fassung bloßgelegt; so zeigt sich jetzt das altehrwürdige Bild in Form und Farbe, wie es durch Jahrhunderte auf Tausende und Abertausende von Wallfahrern niedergeschaut hatte. Das Landesdenkmalamt ließ 1936 auch die Freiungssäule erneuern und durch den Schwazer Kunstmaler Alois Norer mit den Wappen der Georgenberger Stifterfamilien der Ritter von Aibling, Schlitters, Freundsberg und Säben schmücken. Diese letztgenannte Arbeit fällt schon in das erste Regierungsjahr des Abtes Albert II. Grauß.

Mit dem Frühjahr 1938 stieg für die österreichischen Klöster eine schwere Zeit herauf. Schon im Herbst dieses Jahres mußten die Fiechter Benediktiner zwei Drittel ihres Klostergebäudes dem deutschen Militär überlassen, das Institut mit der Hauptschule und einer vorbereitenden Volksschulklasse mußte geschlossen werden, der Konvent war auf engen Raum zusammengedrängt und die schönsten Felder des Stiftes wurden in einem Ausmaß von 5 ha mit Militärbaracken verbaut. Bereits zwei Jahre später, am 4. Oktober 1940, wurde auch noch der restliche Teil des Klosters vom Militär beansprucht und der Konvent richtete sich im bescheidenen Hospiz auf St. Georgenberg behelfsmäßig ein. Das Bergklösterlein war wieder zur Abtei geworden und wieder erscholl über den Grüften der Stifter und zu Füßen des Gnadenbildes das benediktinische Chorgebet, doch nur für kurze Zeit. Am 16. Mai 1941 wurde das Kloster aufgehoben, der gesamte Besitz beschlagnahmt, Abt und Mönche mußten innerhalb drei Stunden die klösterliche Heimat und am folgenden Tage das Land verlassen, die Abtei- und Wallfahrtskirche wurde von der Geheimen Staatspolizei gesperrt und nur den eindringlichen Vorstellungen des Abtes ist es zu danken, daß das Allerheiligste, das Gnadenbild und die heilige Blutreliquie in aller Stille in die Pfarrkirche von Stans gebracht werden konnten. St. Georgenberg sollte nach dem Plane der finsteren Mächte als Wallfahrtsort aufgehört haben zu bestehen. Aber die Liebe und Verehrung zur schmerzhaften Mutter war aus den Herzen der Gläubigen nicht auszutilgen; Tag für Tag pilgerten ihre Getreuen jetzt nach Stans und an den althergebrachten Wallfahrtsfesten kamen sie in großen Scharen und feierten die Tage jetzt im Tal fast so schön wie früher auf dem Berg; nur die Ämter waren nicht so hochfestlich, weil der Abt nicht ins Land durfte.

Als dann der unselige Krieg zu Ende war und auf vielen Wegen die Heimkehrer wanderten, durfte auch das Gnadenbild frohe Heimkehr halten. Fleißige Hände reinigten und schmückten die Wallfahrtskirche und mit Hilfe opferfreudiger Marienverehrerinnen gelang es auch, die notwendigsten Dinge für den Gottesdienst neu zu beschaffen; denn sowohl die Kirche in Fiecht, die 1943 ebenfalls gesperrt worden war und in der Folgezeit als Lagerraum diente, als auch die Kirche auf dem Berg waren im Auftrage der kirchenfeindlichen Machthaber fast aller gottesdienstlichen Gewänder, der Kelche, Monstranzen, Leuchter, Glocken und der Kirchenwäsche beraubt worden und nur ein ganz geringer Teil dieser meist sehr kostbaren Dinge konnte, und das erst zu einem späteren Zeitpunkte, noch zustandegebracht werden; das meiste bleibt unwiederbringlich verloren.

Am Sonntag, den 1. Juli 1945, wurde das Bildnis der Schmerzhaften in einem wahren Triumphzug, an dem unter der Führung des aus der Verbannung heimkehrenden Abtes ungefähr 10.000 Gläubige teilnahmen, nach St. Georgenberg zurückgetragen; mit dem andächtigen Gebet der Tausende wechselten die Weisen der Musikkapellen von Stans, Vomp und Terfens und die Gesänge der Kirchenchöre. Auch die Hl. Blutreliquie wurde in der Prozession mitgetragen. Mit Gnadenbild und Abt kehrten die ersten Patres auf den hl. Berg zurück. Am folgenden Tag, dem Wallfahrtsfest Mariä Heimsuchung, hielt der Abt vor dem Gnadenbild, das an seinem Platz über dem Hochaltar der St. Georgskirche aufgestellt worden war, wieder den ersten feierlichen Gottesdienst. Und nun kamen aufs neue die Wallfahrer auf den Georgenberg, besonders fleißig die Heimkehrer aus dem Krieg, bald einzeln, bald in kleineren oder größeren Gruppen. (Genaueren Aufschluß über „Das Gnadenbild von St. Georgenberg 1941—1945“ gibt ein eigenes Heftchen mit obigem Titel.)

Auch der letzte Abschnitt der Geschichte von St. Georgenberg-Fiecht weist Leidiges und Freudiges auf. Am 26. Juli 1950 ging über dem Gebiet von St. Georgenberg ein schwerer Wolkenbruch nieder, der Stallenbach und der Georgenbergerbach schwollen gewaltig an, vernichteten das Rinnwerk der Säge und rissen den Weg stellenweise ganz fort. Am 20. Jänner 1951 legte eine große Lawine den Wald am Stanerjoch zwischen Roßweid und Heuberg fast völlig nieder, zerstörte den Niederleger der dem Kloster gehörigen Staneralm und bedrohte die Berghöfe.

In den Jahren 1946 und 1947 erhielt die Wallfahrtskirche auf St. Georgenberg ein neues Dach aus Lärchenschindeln; diese Arbeit war schon für das Frühjahr 1941 geplant gewesen; da kam die Aufhebung des Klosters und die neuen Herren ließen die breits hergerichteten 80.000 Schindeln wegführen und für andere Zwecke verwenden. 1947 wurde das Kirchlein des hl. Benedikt und der hl. Scholastika in Fiecht mit dem Klosterfriedhof restauriert, 1948—1950 die große Stiftskirche zum heiligen Josef in Fiecht, wobei sorgfältig darauf Bedacht genommen wurde, der würdigen Abteikirche jenes Aussehen zu geben, das sie vor dem Brande von 1868 gehabt hatte; das Landesdenkmalamt stand dem kunstverständigen Abt mit Rat und Tat zur Seite; die hohen Kosten wurden größtenteils durch Verkäufe von Stiftsbesitz gedeckt. Im Jahre 1952 erhielt die Sakristei der St. Georgskirche eine neue Einrichtung und 1953 wurden am Gebäude des alten Klosters und der Gastwirtschaft auf St. Georgenberg umfassende Erneuerungsarbeiten ausgeführt. Seit 1947 werden im Kloster auf Anregung des Diözesanbischofs alljährlich ein- oder zweimal theoretisch-praktische Schulungskurse für Mesner gehalten. Für die kirchliche Siedlungsaktion haben die Fiechter Benediktiner in Fiecht, Kolsaß und Achental billigen Baugrund im Gesamtausmaß von 3.41 ha zur Verfügung gestellt.

Als am Abend des 7. Dezember 1953 allenthalben die Kirchenglocken das „Marianische Jahr“ einläuteten, das der Hl. Vater Papst Pius XII. zur Hundertjahrfeier der Verkündigung des Glaubenssatzes von der Unbefleckten Empfängnis der allerseligsten Jungfrau Maria ausgeschrieben hat, verließen die letzten Soldaten der Besatzungstruppen das Kloster Fiecht, das über 15 Jahre als Militärkaserne gedient hatte. Gebe Gott, daß sich wieder mehr hochgemute junge Leute entschließen, ihr Leben in Gebet und Arbeit Gott zu weihen und sich als Ordenspriester und Ordensbrüder der Fiechter Klosterfamilie anzugliedern, damit diese auch die großen äußeren Aufgaben der Seelsorge und der Jugenderziehung, die ihr seit Jahrhunderten gestellt sind, leichter und besser bewältigen kann, „auf daß in allem Gott verherrlicht werde!"

Der Weg nach St. Georgenberg geht nicht immer schön eben hin und geradeaus, er führt steil bergan und dann wieder hinab in die Tiefe und hat viele Krümmungen, bei denen der Wanderer das hochgelegene schöne Ziel aus den Augen verliert. Ähnliches gilt vom Weg, den Abtei und Wallfahrt in ihrer bisherigen tausendjährigen Geschichte zurückgelegt haben. Zeiten hoher Blüte wechseln mit Zeiten tiefer Erniedrigung und gar manchmal hatte es den Anschein, als ob es keinen Aufstieg mehr geben könnte. Es ist mit Gottes Hilfe und unter Mariens mütterlicher Führung immer wieder aufwärts gegangen. Möge St. Georgenberg auch weiterhin für recht viele Menschen das sein, was es für ungezählte durch 1000 Jahre gewesen ist, eine heilige Stätte des Friedens und ein wahrer Gnadenort, wo die leidgeprüften und kreuzbeladenen Erdenpilger lindernden Trost und göttliche Kraft empfangen durch die mildreichen Hände unserer gebenedeiten himmlischen Mutter Maria!

REIHENFOLGE
DER ÄBTE VON ST. GEORGENBERG UND FIECHT

1. Eberhard I. von Aibling, durch Bischof Reginbert von Brixen zum Abt ernannt, 1138 von Papst Innozenz II. bestätigt, gestorben 29. August 1174 —1174
2. Balduin, aus dem Kloster Prüfening (Bayern), wurde 1186 als Abt in sein Kloster zurückberufen, gestorben 22. November 1193 —1186
3. Heinrich I., gestorben 12. März 1187 —1187
4. Friedrich von Adelstein, gestorben 23. Oktober 1196 —1196
5. Konrad I., gestorben 12. April 1204 —1204
6. Sigebot, gestorben 23. Jänner 1207 —1207
7. Ulrich, erwählt 1207, gestorben 25. März 1212 1207—1212
8. Wernher, aus dem Kloster Tegernsee (Bayern), erwählt 1212, gestorben 26. Jänner 1242 1212—1242
9. Thiemo, erwählt 1242, gestorben 1. April 1249 1242—1249
10. Hartwik, gestorben 12. März 1271 —1271
11. Konrad II. der Vomper, gestorben 19. November 1287 —1287
12. Sifrid, abgedankt 9. November 1291 —1291
13. Eberhard II., erwählt 1290, vom Bischof Heinrich von Brixen bestätigt 9. November 1291, gestorben 11. Februar 1292 1290—1292
14. Rupert, geboren zu Thaur, erwählt 1292, gestorben 30. Oktober 1316 1292—1316
15. Heinrich II. Sälder, aus dem Kloster Weihenstephan (Bayern), gestorben 24. Mai 1319 —1319
16. Hermann, erwählt 6. Juni 1319, gestorben 1. Juni 1327 1319—1327
17. Konrad III. der Terfner, geboren zu Terfens, erwählt 1327, gestorben 25. Jänner 1344 1327—1344
18. Berthold von Gebenhofen, geboren zu Augsburg, erwählt 1344, gestorben 28. Februar 1349 1344—1349
19. Jakobus, erwählt im März 1349, gestorben 12. August 1349 1349
20. Konrad IV. von Schnellmann, geboren zu Hall i. T., erwählt 1349, gestorben 19. September 1368 1349—1368
21. Konrad V., aus Österreich, erwählt 1368, gestorben 16. Juli 1379 1368—1379

22.	Ingenuin Schlund, geboren in Kitzbühel, gestorben 12. Februar 1401	—1401
23.	Konrad VI., geboren zu Urfahr (Bayern?), erwählt 1401, gestorben 9. Juli 1413	1401—1413
24.	Kaspar I. von Schläßbeck, geboren zu Hall i. T., erwählt Juli 1413, gestorben 29. Jänner 1426	1413—1426
25.	Heinrich III. Schrempf, geboren zu Hall i. T., (erwählt 1429?), nur von einem Teil der Konventualen anerkannt, gestorben 27. März 1435	1429—1435
26.	Nikolaus I. Schieferdecker, geboren zu Meißen (Sachsen), 1427 nennt er sich bereits Abt, bis 1435 nur von einem Teil der Konventualen anerkannt, gestorben 8. Mai 1445	1427—1445
27.	Johannes I. Theuerl, erwählt 3. November 1445, gestorben 19. Jänner 1451	1445—1451
28.	Georg I. Haslacher, erwählt 20. Februar 1451, abgedankt 1451, gestorben 31. August 1473	1451
29.	Johannes II. von Freiberg, aus dem Kloster Weingarten (Württemberg), 29. November 1451 dem Kloster als Abt aufgedrängt (durch den Landesfürsten Sigmund d. Münzreichen?), gestorben 14. April 1469	1451—1469
30.	Kaspar II. Augsburger, geboren zu Freiburg im Breisgau, zuerst Karthäuser zu St. Johann in Freiburg, dann Benediktiner in Gottesthal (im Oberelsaß), (auf Anraten Sigmunds d. Münzreichen?) 10. Mai 1469 zum Abt von St. Georgenberg erwählt, gestorben in Schwaz 3. April 1491	1469—1491
31.	Konrad VII. Rueß, erwählt 1491, gestorben 18. März 1515	1491—1515
—	Melchior von Hörningen, 1489—1502 Abt von Pfäffers (Schweiz), 1503—1505 Administrator von St. Georgenberg, gestorben angeblich 1516 in Pfäffers	
32.	Leonhard Müller, aus dem Kloster Scheyern (Bayern), auf Begehren des Landesfürsten Kaiser Maximilian I. und des Brixner Bischofs für Abt Konrad VII. zum Administrator und Koadjutor mit dem Recht der Nachfolge erwählt 13. Juli 1510, nach Konrads Tod Abt, gestorben 10. April 1525	1515—1525
33.	Erasmus Ainkas, erwählt 25. April 1525, gestorben in Schwaz 11. Jänner 1526	1525—1526

34. Bernhard Rieger, erwählt (spätestens) 9. Februar 1526, gestorben 19. November 1550 1526—1550

35. Petrus Laimer, aus dem Kloster Benediktbeuern (Bayern), geboren zu Landsberg (Bayern), erwählt 25. November 1550, gestorben 19. Februar 1558 1550—1558

36. Martin Geyer, geboren zu Iglingen (Bayern), erwählt vor 30. März 1558, abgesetzt 11. November 1567, soll dann ausgetreten sein 1558—1567

— Benedikt Stöckl, geboren zu Weilheim (Bayern), zum Administrator erwählt 3. Dezember 1567, abgesetzt 5. Mai 1568

37. Georg II. Seitz, geboren zu Steingaden (Bayern) 1521, erwählt 8. Mai 1568, gestorben 31. Jänner 1575 1568—1575

38. Christoph I. Hirschauer, geboren zu Hirschau b. Landsberg (Bayern), erwählt 9. Februar 1575, gestorben im November 1575 1575

39. Benedikt I. Fischbacher, geboren um 1550 bei Benediktbeuern (Bayern), erwählt 22. November 1575, gestorben 9. Februar 1588 1575—1588

— Silvester Frey, als Administrator eingesetzt 11. Februar 1588, gestorben 23. Juli 1588

— Georg Grederer, geboren in Oberbayern, als Administrator eingesetzt nach Silvester Freys Tod, gestorben in Schwaz 18. Dezember 1588

40. Johannes III. Rösch, aus dem Kloster St. Blasien im Schwarzwald (Baden), durch den Bischof von Brixen und den Landesfürsten Erzherzog Ferdinand II. als Abt eingesetzt im Juli 1589, gestorben in Achental 21. Juni 1591 1589—1591

41. Michael Geisser, aus dem Kloster Reichenau im Bodensee (Baden), durch Kardinal Andreas v. Österreich, Bischof von Brixen und Konstanz, als Abt eingesetzt 1591, abgedankt 1595 1591—1595

42. Gotthard I. Stark, aus dem Kloster Tegernsee (Bayern), geboren zu Aicha in Bayern, erwählt 8. November 1595, abgedankt 1599, gestorben in Tegernsee 12. Februar (?) 1617 1595—1599

43. Christoph II. Obinger, geboren zu Hall i. T., durch den Bischof von Brixen zum Administrator ernannt 5. Juli 1602, Abt seit November 1604, gestorben in Innsbruck 1. August 1626 1604—1626

44. Benedikt II. Prantner, geboren zu Toblach im Pustertal, erwählt 7. September 1626, gestorben 7. September 1634 1626—1634

45. Gregor Mayr, geboren zu Tölz (Bayern), erwählt 4. Dezember 1634, gestorben 18. September 1638 1634—1638

46. Benedikt III. Herschl, aus dem Kloster Tegernsee (Bayern), geboren zu Rott am Inn (Bayern), erwählt 12. Februar 1639, abgedankt 8. März 1660, gestorben im Kloster Attl (Bayern) 3. November 1671 1639—1660

47. Nikolaus II. Kraus von Krausegg, Thor und Salò, geboren zu Kastelruth bei Bozen, erwählt 27. April 1660, abgedankt 1669, gestorben in Schwaz 27. Dezember 1673 1660—1669

48. Gotthard II. Ziegler, geboren zu Meran, erwählt 27. Jänner 1670, gestorben 24. März 1686 1670—1686

49. Alfons I. Schabl, geboren zu Naz bei Brixen, erwählt 22. April 1686, gestorben 8. Mai 1704 1686—1704

50. Cölestin Böhm, geboren zu Wien, erwählt 2. Juni 1704, entflohen 8. November 1709, gestorben zu Anras im Pustertal 14. Dezember 1731 1704—1709

51. Gotthard III. von Grustner, geboren zu Eppan, erwählt 3. Juni 1710, abgedankt 25. Juni 1721, gestorben 25. Dezember 1723 1710—1721

52. Maurus Schaffer, geboren zu Schwaz, erwählt 17. Juli 1721, abgedankt 18. Februar 1732, gestorben in Achental 8. September 1740 1721—1732

53. Lambert Höllerer, aus dem Kloster Wessobrunn (Bayern), geboren zu Mülln (Salzburg) 22. Jänner 1700, erwählt 14. Mai 1732, gestorben 17. Jänner 1772 1732—1772

54. Pirmin I. Seidl, geboren zu Kitzbühel 20. Mai 1725, erwählt 8. März 1772, gestorben 12. Jänner 1789 1772—1789

55. Alfons II. Pacher, geboren zu Fügen 8. Februar 1747, nach Abt Pirmins Tod zum Administrator ernannt, 23. September 1790 zum Abt erwählt, gestorben 25. April 1806 1790—1806

56. Thomas Zacherl, geboren zu Hall i. T. 15. Mai 1762, 8. Oktober 1806 zum Administrator, 4. Dezember 1817 zum Abt erwählt, gestorben auf St. Georgenberg 9. April 1829 1817—1829

— Florian Grün, Zisterzienser von Stams, 26. Oktober 1825 bis 9. April 1829 Koadjutor für Abt Thomas, dann Administrator bis 29. Jänner 1834, gestorben in Fiecht 5. April 1834

57. Pirmin II. Pockstaller, geboren zu Jenbach 4. September 1806, erwählt 29. Jänner 1834, gestorben 20. April 1875 — 1834—1875

58. Albert I. Wildauer, geboren zu Fügen 28. September 1841, erwählt 29. Juli 1875, gestorben 18. April 1915 — 1875—1915

59. Josef Hagmann, geboren zu Mosnang (Kt. St. Gallen, Schweiz) 16. März 1871, erwählt 26. Mai 1915, gestorben in Innsbruck 4. August 1926 — 1915—1926

60. Johannes IV. Lampert, geboren zu Göfis (Vorarlberg) 8. Februar 1875, erwählt 9. September 1926, abgedankt 9. Juni 1936, gestorben in Innsbruck 16. Februar 1951 — 1926—1936

61. Albert II. Graußß, geboren zu Jenbach 21. April 1895, erwählt 7. Juli 1936 — 1936—

BENÜTZTE QUELLEN

Archivalien der Abtei St. Georgenberg-Fiecht.

(Abt Pirmin II. Pockstaller), Chronik der Benediktinerabtei St. Georgenberg, nun Fiecht, in Tirol. Anonym. Innsbruck, Wagner 1874.

Abt Pirmin II. Pockstaller, Abtei und Wallfahrt St. Georgenberg in Tirol. Innsbruck, Felician Rauch 1843.

Carl Plank, Die Regensburger Grafschaft im Unterinntal und die Rapotonen. Veröffentlichungen des Museum Ferdinandeum, Bd. 31/1951.

P. Balthasar Gritsch O.F.M., Georgenberg, ein Kulturzentrum in der romanischen Epoche (1000 bis 1300). Schwazer Buch, Schlern-Schriften Bd. 85, Innsbruck, Wagner 1951.

Dr. Hans Bachmann, Die Benediktinerabtei St. Georgenberg im Kulturleben des Mittelalters. Tiroler Heimat, XVI. Bd., 1952, Innsbruck-Wien, Tyrolia.

Dr. Oswald Graf Trapp, Die mittelalterlichen Vesperbilder in Nord- und Osttirol. Tiroler Heimatblätter 1934, Heft 10.

Dr. Erich Egg, Haller Maler im 15. Jahrhundert. Tiroler Heimatblätter 1954, Heft 1/3.

P. Pirmin Lindner O.S.B., Monasticon Metropolis Salzburgensis antiquae, I. Abteilung, Kempten und München, J. Kösel 1907.

INHALTSVERZEICHNIS